अरुण देव

जन्म : 16 फरवरी, 1972; कुशीनगर।

शिक्षा : उच्च शिक्षा जे.एन.यू., नई दिल्ली से।

प्रकाशित कृतियाँ : *क्या तो समय* और *कोई तो जगह हो* (कविता-संग्रह)।

नेपाली, मराठी, बांग्ला, असमिया, कन्नड़, अंग्रेजी आदि भाषाओं में कविताओं के अनुवाद प्रकाशित।

सम्मान : *कोई तो जगह हो* के लिए 'राष्ट्र कवि मैथिलीशरण गुप्त राष्ट्रीय सम्मान'।

नौ वर्षों से हिन्दी की चर्चित वेब पत्रिका *समालोचन* (www.samalochan.com) का सम्पादन।

सम्पर्क : 5, हिमालयन कॉलोनी (नेहर कॉलोनी), नजीबाबाद (बिजनौर), उत्तर प्रदेश–246763

ई-मेल : devarun72@gmail.com

उत्तर पैग़म्बर

अरुण देव

राजकमल पेपरबैक्स

राजकमल पेपरबैक्स में
पहला संस्करण : 2020

राजकमल पेपरबैक्स : उत्कृष्ट साहित्य के जनसुलभ संस्करण

राजकमल प्रकाशन प्रा. लि.
1-बी, नेताजी सुभाष मार्ग, दरियागंज
नई दिल्ली-110 002
द्वारा प्रकाशित

शाखाएँ : अशोक राजपथ, साइंस कॉलेज के सामने, पटना-800 006
पहली मंज़िल, दरबारी बिल्डिंग, महात्मा गांधी मार्ग, इलाहाबाद-211 001
36 ए, शेक्सपियर सरणी, कोलकाता-700 017
वेबसाइट : www.rajkamalprakashan.com
ई-मेल : info@rajkamalprakashan.com

बी.के. ऑफसेट
नवीन शाहदरा, दिल्ली-110 032
द्वारा मुद्रित

मूल्य : ₹160

UTTAR PAIGAMBER
Poems by Arun Dev

ISBN : 978-93-89598-03-2

अपर्णा मनोज के लिए

क्रम

भूमिका

शब्द में नाद है, सौन्दर्य है और अर्थ है। कविता में अर्थात का मुखर होना दोष समझा जाता है पर यह भी कि संसार के अधिकतर धर्म-ग्रंथ मूल में कविता की किताबें थीं। हमारे समय के निकट के धार्मिक ग्रंथ 'गुरुग्रंथ साहब' में कविताएँ संकलित हैं। तुलसी, सूर, कबीर की धार्मिकता, सामाजिकता, अस्मिता का उत्स उनकी कविताएँ हैं।

कवियों में पैग़म्बरी आवाज़ होती है, इसीलिए उसे मनुष्यता का स्वर भी कहा गया है। वह अन्तिम व्यक्ति की चीख़, संघर्ष की मशाल और मुक्ति की पुकार भी बन जाती है। अपनी कविताओं में मैंने इन्हें अनसुना नहीं किया है। अगर इस संग्रह की कुछ कविताएँ राजनीतिक कविताएँ हैं भी तो ये दीर्घकालिक राजनीति करती हैं। २१वीं सदी में जहाँ यथार्थ और आभास का अन्तर मिटा गया है और चित्रों के अन्तहीन आईने में हम क़ैद हैं वहाँ कविता का साफ़-साफ़ कुछ कहना एक अलहदा काव्य-व्याकरण बने तो क्या हर्ज है।

कवि जीवन भर अतिरिक्त हटाता रहता है। शब्द एक तो ख़ुद अपने अर्थ भी जोड़ देते हैं, वे वाचाल हैं। एक छोटी सी बात के लिए आपको इनसे इतना उलझना पड़ता है कि इच्छित कथ्य बोझिल हो उठता है और उस भाव का अनर्थ भी हो जाता है। उसकी ताज़गी और संवेदनशीलता अधूरी पहुँचती है।

कविता इसीलिए कम से कम शब्दों में जीना चाहती है। वह कम समय में अधिक दूरी तय करने की किसी अनवरत मानवीय दौड़ में है। वह विशाल अर्थ को लघुतम शब्दों में सहेजने की कोशिश में रहती है। शब्दों से मेरी यह लड़ाई चलती रहती है।

इस संग्रह में 2015 से 2019 के बीच की कविताएँ इकट्ठी हैं, इनकी तराश में तमाम सुधि मित्रों के सुझाव मिले हैं। विष्णु खरे, नरेश सक्सेना, उदयन वाजपेयी, तेजी ग्रोवर, रुस्तम सिंह, शिव किशोर तिवारी, ओम निश्चल,

यादवेन्द्र, सदाशिव श्रोत्रिय, नरेश गोस्वामी, महेश वर्मा, चन्दन पाण्डेय, प्रेम तिवारी, परितोष मणि, रिज़वानुल हक़ जैसे कवि, लेखकों, आलोचकों ने लगातार उत्साहित किया है। मैं उनका कृतज्ञ हूँ। इसके साथ ही राजकमल प्रकाशन के पारखी प्रबन्ध निदेशक अशोक महेश्वरी और दृष्टिसम्पन्न सम्पादक निरुपम का भी मैं विशेष रूप से आभारी हूँ।

—अरुण देव

'शायरी कार-ए-सद पयम्बर अस्त'

The poetry is worth equal to the works of hundrreds of prophets

रफ़ी के लिए एक शाम

मंच पर रौशनी थी
ख़ुद से मुलाक़ात के लिए ज़रूरत भर

नायकों की तरह एक-एक कर आए गीतकार
कोट पुराने थे उनके
जूते घिसे हुए
चेहरों पर समय की शिकन
हथेलियों में मशक़्क़त का खुरदरापन
थोड़ी फीकी उनकी रंगत
पर आँखों में बा-शऊर ज़िन्दगी की चमक

माइक हाथ में लेते ही बहने लगा प्यार के राग का दिलकश संगीत

एक ऐसी दुनिया जहाँ इश्क़ था, थीं निष्ठुर प्रेमिकाएँ
प्रेम के लिए आर्तनाद करते प्रेमी थे
बेवफ़ाई का सुरीला गीत प्रेम के ध्वंस से उठता
और हुस्न-ओ-शबाब की प्रार्थना में खो जाता

जहाँ न काशी से कुछ ग़रज़ थी न काबे से कोई वास्ता

हालाँकि उनमें से कुछ के गले बैठ गये थे
समय बड़ा भारी गुज़र रहा था
हर मुलायम चीज़ हर मासूम शै के रंगोरूप ख़तरे में थे

उस रात लोग अपने ग़म सुनने को इकट्ठे थे
कभी वे ख़ुशी में हँस पड़ते कभी ठहर कर चुप हो जाते

एक दाढ़ी बेख़ुदी में हिल रही थी
देखा किये तुमको बन के दीवाना
एक फर वाली टोपी कह रही थी आँसू की तरह न गिराना मुझे

एक ख़ामोश आवाज़ ने धीरे से कहा बहारो फूल बरसाओ मेरा महबूब आया है
पूरा जलसा फूलों से भर गया

विरह की कँपकपाती लौ में किसी ने टूटी आवाज़ में पूछा
क्या हुआ तेरा वादा?

स्त्रियाँ हँस रही थीं
जैसे कोई उनके ही लिए गा रहा हो ये रेशमी ज़ुल्फ़ें ये शरबती आँखें
कभी वे भी किसी के लिए चौदहवीं का चाँद हुआ करती थीं
कोई उनके नाज़ुक होंठों को छूने के लिए ऐसे ही लरज़ता था

इश्क़ के मनुहार का जब कोई गीत फूटता
वे मुस्कातीं

जैसे उन्हें अभी भी इन्तज़ार हो कि कोई कहेगा अब तो आँखों में सारी रात जाएगी
जिसे लम्बे दाम्पत्य में भूल गए थे उनके पति

मेरी बगल में बैठा एक बच्चा अपने अब्बा को देख रहा था
इतने संजीदा होते थे ये तो
कभी मेरे सामने अम्मी का हाथ तक नहीं पकड़ा
और आज रुख़ से नक़ाब हटाने की ऐसी शोख़ गुज़ारिश कर रहे हैं
उनमें दूर-दूर तक न कहीं पिता था न पति
था तो बस एक पुरुष एक स्त्री के सामने खड़ा

जो कातरता से कह रहा था मुलाक़ात का वादा तो करती जाओ

तीर, तलवार, काँटे, बरछी जैसे दिनों में यह राहत की शाम थी
यह रफ़ी की शाम थी।

औज़ार और हथियार

हमने खेत के लिए हल बनाए
मिट्टी के लिए कुदाल
घास के लिए खुरपी

हमने कुल्हाड़ी से पेड़ ज़रूर काटे पर ज़रूरत भर

धागों के लिए तकली, चरखे और सूई
तुम्हारे जंगली केशों के लिए कैंची, उस्तरे
तुम्हारे बेढंगे नाख़ूनों के लिए नेलकटर
घरों के लिए सन्दूक़ बनाए हमने
चूल्हे के लिए फुकनी और रोटी के लिए चिमटे

शिशु के लिए चम्मच बना कर जो ख़ुशी मिली उसका बयान शब्दों में नही
हो सकता
वह कभी-कभी बच्चों की डकार में हिलती है

हम कारीगर थे
हमने सबसे पहले पहिये बनाए
भट्टी की आग में तपते हमारे चेहरे कभी बर्तन बनाते थे
कभी चूड़ी
कभी लैम्प का शीशा

हमने जतन से झुमके गढ़े कि वे हिलें पर टूटें नहीं
हार ऐसे कि जीत लें मन

हम कामगार थे
मेहनतकश
हमने हथियार नहीं बनाए

चाकू हमने बनाए पर उससे तेज़ की कलम की धार
हमने रक्त में सने उन्हें देखने की कल्पना तक न की थी

औज़ार धीरे-धीरे हथियारों में बदलते गए
तेज़, नुकीले और धारदार
बढ़ती गई उनकी प्यास

हम कारीगर थे पर हमसे हथियार माँगा जाने लगा
भाले की नोक पर हमारा हुनर हमसे छीन लिया गया
तलवार की धार पर हमारी ही उँगलियों का टपका ख़ून था

पर हम हिंस्र नहीं हुए कभी भी
हम उसी भट्टी से तवे बनाकर घर लाते थे
हमने उनमें लकड़ी के हत्थे लगाए कि न जले किसी स्त्री का हाथ

हमने कुल्हाड़ी ज़रूर बनाई पर उसे किसी के गर्दन पर कभी नहीं रखा

इसी बीच हत्यारों ने हथियारों पर विचारों की सान चढ़ा दी
अब वे मारक ही नहीं अचूक थे

घोड़ों पर सवार तलवारों ने रौंद दी धरती
नावों पर सवार बन्दूकों ने ख़ून की नदी में डुबो दिया संस्कृतियों को

शस्त्रागार भर गए हथियारों से
राजा राजा नहीं हथियार थे
देश देश नहीं उन्नत हथियार थे
हथियारों ने ख़ुद चुने हत्यारे
हथियारों की प्यास बुझती ही नहीं

हमने हड़प्पा, मोहनजोदड़ो, मेसोपोटामिया, रोम, यूनान और मिस्र बनाए
हमने नदियों के किनारे आबाद की दुनिया

तुम्हारे हथियार अब युद्धों में ही नहीं
प्रार्थना में झुके बच्चों पर भी गरजते हैं।

सुजान

सुजान कौन थी?
प्रश्नपत्र में एक विकल्प वेश्या भी है
और उत्तर पुस्तिकाएँ इसी से भरी हैं

मैं पलटता हूँ हिन्दी के सबसे बड़े आलोचक रामचन्द्र शुक्ल की किताब
और ठिठक जाता हूँ यह स्त्री यहाँ भी वेश्या ही कही गई है

आख़िर कौन है सुजान?
हमारे शब्दकोश में नर्तकियों, गायिकाओं के लिए क्या यही शब्द है?

यह हिन्दुस्तान में अट्ठारहवीं शताब्दी की शुरुआत थी
कलाओं के प्रिय मुग़ल सम्राट नसीरुद्दीन मुहम्मद शाह का समय
जो 'रंगीले' के नाम से इतिहास में न जाने क्योंकर बदनाम हुआ?

यह वही दरबार था जहाँ ध्रुपद और धमार की मर्दानी गायकी के बीच
नाज़ुक चंचल 'ख़याल' ने पंख फैलाए
संगत के लिए सितार और तबले बनाए गए

आनन्दघन सुजान से इसी दरबार में प्रेम करते थे
प्रेम भी ऐसा जिसे समझने के लिए चाह के रंग में भीगा हृदय चाहिए

और सुजान !
जिसके सामने चन्द्रमा फीका पड़ जाता था
कमल मलिन हो जाते थे और अलंकार असहाय
उसका प्रेमी कवि यह कहते नहीं थकता
कि कैसे करूँ ज़िक्र कि दृष्टि चकित है और मति मन्द पड़ गई है

कहा जाता है कि दरबार की साज़िशों के शिकार होकर घनानन्द वृन्दावन चले गए
वहाँ भी उन्हें 'सुजान तुरकिनी का सेवक' कहकर लज्जित किया जाता रहा

रक़ीबों के बीच सुजान अकेली रह गई
वैरागी हो गए घनानन्द

जिनके बीच कभी हार भी पहाड़ की तरह लगते थे
अब उनके बीच नदी, नाले, और जंगल थे

विरह के धुएँ में घुटते हुए
पवन से सुजान के पैरों की धूल की याचना करती आनन्दघन की कविताओं ने
अब उन्हें लिखना शुरू कर दिया था
प्रेम की पीर से आबाद हुई अट्ठारहवीं शताब्दी

पर यह समय कल्पना के उड़ान का न था
न ही 'अति सूधो सनेह को मारग' का था

अहमद शाह अब्दाली के घोड़ों ने कुचल दिया 'ख़याल'
मारा गया रंगीला
और मारे गए वृन्दावन में घनानन्द

अन्तिम कविता उन्होंने अपने रक्त से लिखी सुजान के लिए

आह! हमारी हिन्दी के पास ३०० साल पुराने उस प्रेम के लिए
न सम्मान है, न शब्द।

विज्ञापन और स्त्री

यह सुन्दर देह
आत्मविश्वास से भरी यह मुद्रा
स्वास्थ्य की यह चपलता
मैं तुम्हें बार-बार देखता हूँ

पर कुछ ही देर में तुम बेचने लगती हो घड़ी, कपड़े, कारें
एक सोफा तुम्हारे जैसा तो कभी नहीं हो सकता
तुम्हारी आवाज़ तक में फंदे डाल दिए गए हैं

हाट में सब्ज़ी बेचती हैं स्त्रियाँ
पर मैंने कभी लौकी ख़रीदते हुए उसमें उन्हें शामिल नहीं पाया

इतिहास में इतनी चीज़ें इतनी बार बेची-ख़रीदी जा चुकी हैं कि
उसमें पहले विक्रेता का चेहरा नहीं दिखता

अनाजों के अदल-बदल में सम्भव है कि किसी स्त्री को ही सूझा हो विक्रय
सम्भव है इस धरती की पहली विक्रेता कोई स्त्री हो

सभ्यता की सीढ़ियों पर
सभी चीज़ों के सभी जगह उपलब्ध होने का एक उत्सव
जहाँ रंग मिले, आवाज़ों ने एक-दूसरे को पहचाना
गान और कथाओं की बैठकी जमी

स्वाद, श्रृंगार और परिधान के आदान-प्रदान का मेला लगा

अधीनता के फिर लम्बे बर्बर दौर में
तुम धीरे–धीरे ख़ुद सामानों में बदल गईं

तुम्हारा श्रम बिका, बिके तुम्हारे बच्चे
तुम्हारा रूप, तुम्हारी आवाज़, तुम्हारा नृत्य, तुम्हारी देह, तुम्हारा होना भी ख़रीद लिया गया

समुद्र पर खींच दी गई रेखाएँ
रेगिस्तानों में लम्बे-लम्बे कारवां थे
सरायों में भरे रहते थे व्यापारी

अब तलवारें, घोड़े और ग़ुलाम बिकने लगे

और फिर बिके देश, लोग और ख़रीदने–बेचने की आज़ादी

आज तुम्हारी आड़ में कोई नियंत्रित कर रहा है मेरी ज़रूरतें
वह बेच रहा है तुम्हारा रूप
बेच रहा है स्त्री–पुरुष का आदिम आकर्षण

वह फिर तुम्हें बेच रहा है
तमाम तरह की आज़ादियों के बीच।

जायसी

सोलहवीं शताब्दी के सूफ़ी कवि जायसी के कुरूप पर हँसने वाले
उनको सुन कर रोने लगते थे
उनकी कविता रक्त और आँसुओं से लिखी गई थी

उनके 'मुरशिद-पीर' शाह मुबारक बोदले जागते रहते थे
पोस्ते का पानी उन्हें थोड़ी देर सुला ज़रूर देता था

जायसी ने अपनी पहली कविता पोस्तीनामा अपने पीर को सुनाई
उन्हें पीर के रतजगों का इल्म न था
और एक मुसलसल जगे हुए आदमी से वह अपनी कविता में
नशे के ख़िलाफ़ दूर तक चले गए

उसी रात छत गिरने से दब गए मालिक मुहम्मद के सभी बच्चे
ऐसा माना गया

जायसी के विलाप से पोस्ते-दाने का जब नशा टूटा
शाह मुबारक बोदले ने कहा जाओ तुम्हारी किताबें क़यामत तक तुम्हें ज़िन्दा
रखेंगी

सूर्य की तरह तपता सुल्तान शेरशाह अस्त हो गया
चूर-चूर होकर गढ़ मिटटी में मिल गए
नहीं है अब रत्नसेन

नहीं है वह पारलौकिक सुन्दरी पद्मावती
वह क्रूर आसक्त अलाउद्दीन भी नहीं

पर है वह कहानी
युद्ध के अन्त की वह राख अभी भी बची है
जो हर धर्म-युद्ध के बाद हर जगह बची रह जाती है
जिसे वह शायर अपनी डबडबायी करुणा में देख सका

ऐसा कहा जाता है कि अपने अन्त समय में मलिक मुहम्मद बाघ में बदल गए थे

अगर ठीक से पढ़ें पद्मावत तो उसमें भी यह दहाड़ सुनाई पड़ती है
सत्ता के अहंकार पर एक कवि की दहाड़।

बेआवाज़

बेआवाज़ गिरते हैं पत्ते
वे वृक्षों के लिए गिरते हैं, जड़ों पर गिरते हैं

बेआवाज़ घूमती है पृथ्वी घूमती हुई अपनी धुरी पर
हर हिस्से को रौशनी में रंगती हुई, ऋतुओं के लिए

चन्द्रमा घटता-बढ़ता है
सूरज से उसकी शिकायत का ज़िक्र तक नहीं किसी भी कथा में

जल जैसा चुप्पा तो मैंने आज तक नहीं देखा
अपने लम्बे फैलाव में चादर तान कर सोता हुआ

तमाम फुसफुसाहटों के बावजूद जंगल की ख़ामोशी में चुपचाप पलता रहता है
एक दूसरा ही संसार
जैसे समुद्र के तल पर तमाम तरह की हरकतों के बावजूद हम तक
नहीं आती कोई आवाज़

यहाँ तक कि प्रेम के सघन वन में
हमारे पास आवाज़ की जगह कुछ ध्वनियाँ ही रह जाती हैं

पत्ते तब शोर करते हैं जब काटा जाता है वृक्षों को
आत्मरक्षा में वे इससे अधिक और क्या कर सकते हैं?

जब तोड़ा जाता है पहाड़ों को

उनके अन्दर से डरावनी सी आवाज़ आती है
जैसे किसी गुफा में कहीं से फूटती रौशनी के रास्ते में आ जाए कोई भारी पत्थर

कुएँ से कभी-कभी आती हैं गों-गों करती आवाज़ें
जिन्हें दम घुटने पर शरीर अपनी तनी मांसपेशियों से पैदा करता है

जब एक घड़ीसाज़ से कहा गया कि अब नहीं है घड़ियों के लिए जगह
तब मैंने उसके अन्दर से सूइयों के तेज़-तेज़ चलने की आवाज़ सुनी
हालाँकि वह चुपचाप लौट रहा था घर की ओर

सिलाई मशीन को ठीक करते रोशन सिंह के अन्दर से मुझे आती है
कल–पुर्जों की खट-खट
जैसे वे स्त्रियों के लिए व्यक्त कर रहे हों आभार
जो अपनी असहायता में कपड़ों को जोड़ती हुई मोहताज़ नहीं हैं किसी की

तार, ट्रंककाल, टेलीफोन की स्वर लिपियाँ लुप्त हो गई हैं
चिट्ठियों तक की सूख गई है स्याही
कभी इसका पानी हमारी ख़ुशी में उछलकर आँखों में चमकने लगता था
दुख से लुढ़कते हुए गालों से बह जाता था

रोने की भी स्वाभाविकता होती है
पर अगर कोई बेआवाज़ रोये।

गेहूँ का उचित मूल्य

थाली में परसी गर्म रोटी को तोड़ते हुए
क्या तुम्हें उस किसान की याद आती है
जो इस उम्मीद में था कि इस वर्ष फसल अच्छी होगी

कौर और मुँह के बीच
क्या तुम्हें उस खेतिहर का ज़रा भी ख़याल आया
जो शीत में भीगते और धूप में जलते हुए दे रहा था जड़ों में पानी
उसके साथ ही मुरझाती हुई उसकी पत्नी
कुम्हलाते हुए उसके बच्चे

वह पानी जिसे पहुँचना था खेत तक
पर जिसे वह किराये के पंपिंगसेट और डीजल की मदद से
ले आया है जड़ों तक
उगाता है फसलें
बालियों में उसका पसीना ही दूध बनता है

उसकी उनीदी रातें तुम्हारी नींद में तो नहीं ही टकराती होंगी कभी

बढ़ रहे हैं उदर
बढ़ रही है सेहत की बेशर्मी
स्वाद की निर्लज्जता के लिए बीमार हुई ज़मीन को चाहिए खाद कीटनाशक

तुम्हारी रोटी के लिए बैंक के उस कर्ज़दार का क्या
कोई कर्ज़ नहीं है तुम पर

कभी सूखा, कभी बाढ़, कभी पाला
अभी भी वह आसमान के नीचे है अपनी फसलों के साथ
अपने मवेशियों और अपने परिवार के साथ
कभी दह जाता है कभी बह जाता है
कभी टूट कर नगरों में बिखर जाता है

कभी तोड़ना रोटी तो सोचना क्या तुमने चुकाया
गेहूँ का उचित मूल्य
किसान चुकाता है
कभी सल्फास खाकर, कभी लटककर पेड़ से।

बरी कर दिए गए सभी आरोपी

उनकी हत्या हवाओं ने की थी
पेड़ों ने उन्हें घेर लिया था
लताओं ने जकड़ लिया
पत्ते गिरने लगे
ख़ुद-ब-ख़ुद आग लग गई
वे अफ़वाहों में जल मरे

थानों से चुपचाप निकल भागीं राइफलें
घरों से बिन बुलाये आ गए रिवॉल्वर
कारतूस के दबाव से अपने आप दबने लगे ट्रिगर
न-न
अँगुलियों के निशान नहीं हैं कहीं भी

आदमी तो वहाँ कोई नहीं था
जो थे उनके चेहरे नहीं थे
आवाज़ें समवेत थीं
कोई एक कंठ पहचानना मुश्किल

जिन गाड़ियों में उन्हें लादा गया
न था उनका कोई ड्राइवर, न मालिक न ही कोई नम्बर
ख़ुद नाले तक चल कर पहुँचीं उनकी लाशें

अधजले शव, बिलखते बच्चे, रोती औरतें
बस फोटो थे उस दिन अख़बार के
अन्याय, आक्रोश, ग़ुस्सा, नारे, जुलूस
क्या करे क़ाज़ी इनका
इतने लम्बे चले मुकदमे में घिस कर मिट गए थे निशान

जो जलने से बच गए, निशाने से रह गए
उन्हें रात ने निगल लिया
अभी भी आदमख़ोर उनका पीछा करते हैं
वे न क़ुछ देख सके थे, न कुछ बोल पाते हैं।

मिलना किसी स्त्री की तरह

तुम जो भेजते हो मैसेज बाक्स में गुलदस्ते
टैग किये रहते हो दिलफ़रेब नग़मों में मुझे
घड़ी-घड़ी बदलते हो तस्वीरें इज़हार की कोमलता में झुकी हुई
पोस्ट करते हो कविताएँ प्रेम के शुरुआती दिनों की उन्माद से भरी, मीठी

मुझे बताओ स्त्री को तुम देखते कैसे हो
कभी देखी है उसकी आज़ादी
उसका इनकार सुना है कभी
उसके मना करने के ऐन वक़्त तुमने कैसे रिएक्ट किया
क्या तुम आहत हुए धधकते हुए छिटक पड़ने को आतुर

मुझे बताओ सुनसान गली में कोई स्त्री जब अकेली पड़ जाए
क्या चलता है तुम्हारे मन में
क्या लिफ़्ट में तुम्हें देख कोई लड़की सहम कर अपनी मंज़िल से पहले उतर गई
भीड़ भरी बसों में अपने को बचाती किसी स्त्री के लिए क्या तुमने कभी कोई सीट छोड़ी

युद्धों से वीरान देश, दंगों में जलते मोहल्ले
भागती, रौंदी जाती रक्तरंजित स्त्री के लिए
क्या एक पुरुष होने पर तुम्हें कभी लज्जा आई
कितनी लड़कियों ने तुम्हारी घूरती नज़र से घबराकर अपनी आभा मन्द कर ली

मेरी रुचि तुम्हारे प्रोफ़ाइल फ़ोटो में नहीं है डियर

बराबरी और ख़ुदमुख़्तारी ऐसे अंगारे हैं
जिनसे अभी भी दहकने लगता है पुरुष
सुलग उठती है संस्कृति
और धुआँ उठने लगता है धर्मों से

मैं समझती हूँ अभी तुम्हें इसका अभ्यास नहीं है
तुमने अपनी फर्माबरदार माँ को देखा है
दबने वाली बहनों के बीच बड़े हुए हो

तुम्हें एक ऐसी स्त्री दे दी गई है जो घर चलाने की विवशता में
सहती और चुप रहती है

तुम्हें वात्सल्य मिला, स्नेह मिला, देह मिली
पर प्रेम नहीं मिला किसी स्त्री का

मुझे कभी मिलना तो इस तरह मिलना जैसे कोई स्त्री मिलती है किसी से।

तुम कहाँ चली गई हो

किस घोंसले में छिपी हो आह ! मेरी जान !
जंगल-जंगल देखा, जगह-जगह घूमा भटकता रहा नदी किनारे
शाम रहा बेचैन, रात बेनींद और अलस्सुबह निकल पड़ा तलाश में
लोगों के बीच ढूँढ़ा गया ख़ुद अपने अन्दर
बाज़ार भरे थे लोगों से तुम न थीं

देखा तो पाया हर विरही के हृदय में वही विरह
किस छूटी हुई जगह में तुम गुम हो यार बालम

मैंने न जाने कितने कवित्त रच दिए
मिलन के राग में वैरागी की तरह बैठा तुम्हें गुनता रहा
तुम्हें छन्द से पुकारा, तुक में पुकारा, पुकारा हर एक लय में
नीले आकाश के नीचे पढ़ता रहा हर एक किरण में तुम्हारा नाम
धरती से पूछा, पाताल तक गया
पर तुम न मिलीं

किस पर तुम्हारा दिल आ गया मेरी मीत

तुम्हें पाने के लिए हिन्दू बना, तुर्क बना, बन गया क्रिस्तान
गया हर गुरुद्वारे
पढ़ी गीता, सुनी कुरआन घूम आया काबा और कैलास
पुरोहितों ने भटकाया भटकता रहा दुनियादारों के बीच
पर तुम न मिलीं

तुम्हें पाने की मेरी बेचैनी मेरी उम्र जितनी लम्बी है
जैसे छलकता है पानी सागर के लिए

किस बात से आहत हो और आह !तुम कहाँ चली गई हो।

(भोलानाथ गहमरी की कविता 'कौने खोतवा में लुकइलू' का हिन्दी रूपांतरण)

पराजित की दिनचर्या और उसकी सीख

मिलने से बचता हूँ
सामने पड़ने पर कतराकर निकल जाता हूँ

लड़ने-झगड़ने का तो बिलकुल ही मन नहीं करता नहीं
हाँ भाई आप ही ठीक हैं
अब यहाँ से विदा लें
या मैं ही चला जाता हूँ
मैं आपके किसी मसरफ़ का नहीं रहा

चिड़िया ने तैयार किया है
घास-फूस-तिनकों का अपना घोंसला
उसे उमगते शिशुओं की चिंता रहती है
कहीं गिर न जाएँ

पूरा चन्द्रमा
काली रातों में चमकते तारे
जल से उठती सूरज की लालिमा

खींचती गंध के पीछे-पीछे उन लताओं तक पहुँच जाता हूँ
कुछ देर वहीं मँडराता हूँ

जो मिल जाए खा लेता हूँ
पहन लेता हूँ

पौधों को पानी देता हूँ फूलों पर पड़ी धूल साफ़ करता हूँ

किताबों के पन्ने पलटता हूँ
कोई अच्छी चीज़ मिलती है डूब कर पढ़ता हूँ
जबरन नहीं पढ़ा जाता
हूँ, हाँ, करता हूँ
चुप रहता हूँ

काली चाय की चीनी कम करता जा रहा हूँ

सुबह टहलता हूँ
ख़ुद के साथ

एक रोज़ पेड़ के नीचे एक कच्चा आम मुझे मिला
मैं तो भूल ही गया था कि हर चीज़ ख़रीदी-बेची नहीं जाती

अख़बार एकाध मिनट में पढ़ लेता हूँ
चैनलों को बदलता रहता हूँ
अतियों को सुनता हूँ
यह नशा आख़िर कब उतरेगा?

कभी-कभी रात में नीद उचट जाती है
उठकर कोई बिसरी हुई भूल याद करता हूँ
उससे जुड़ी हुई बातें याद आती हैं

कहीं बाज़ार में ज़िन्दा शव घसीटा जा रहा है
पीछे-पीछे पत्थर फेंकता हुजूम है एक

कभी सपने में वह गली दिख जाती है जहाँ से गुज़रते हुए
किसी की धूप तन पर पड़ती थी
कोई पुराना गीत मन में बजता है

गूगल में उसे तलाशता हूँ

पर वहाँ उसे सुनना अच्छा नहीं लगता

बच्चे जब कोई प्रश्न करते हैं ख़ुश होता हूँ
प्रश्न अभी बचे हैं
और किये जा रहे हैं

उनसे कहता हूँ संशय रखो
दूसरे पक्ष की ओर से भी सोचो।

अपनी प्रिय एंकर के लिए

मुझे आप अच्छी लगती हैं
ख़ासकर जब आप सत्ता की चालाकियों का पर्दाफ़ाश करती हैं
उसकी चमक के पीछे की हिंसा और साज़िशों पर
सवाल उठाती हैं

आप मुस्कराती हैं
आप हँसती हैं
आप की साड़ी और थोड़े खुले गले के ब्लाउज और उन्हें
पहनने की शाइस्तगी

क्या यह कैमरे का जादू है?

आपको चीखते नहीं देखा कभी झूठ के लिए चिल्लाते नहीं देखा
आप मज़बूती से अपनी असहमति दर्ज करती चलती हैं
आपने एक पत्रकार की तरह तथ्य खोजे हैं
उन्हें क़रीने से पेश करना ही आपका पेशा है और यह आप बख़ूबी करती हैं

सौंदर्य की भी अपनी एक ताक़त है
इधर सुन्दर लोगों में हिंसा बहुत बढ़ी है
ताक़तवर लोगों की सोहबत ने उन्हें क्रूर बना दिया है

जब आप किसी रसूख़दार के ख़िलाफ़ प्रतिपक्ष में बैठती हैं जैसा कि
पत्रकार करता ही है
और जो इधर अब नहीं करता
आप और ख़ूबसूरत लगने लगती हैं
इस देश को सुन्दरता की बहुत ज़रूरत है
बहुत ज़रूरत है तमीज़ की
यह दिनोदिन असुन्दर होता जा रहा है

आप में सचाई दिखती है
जो अब नहीं दिखती प्रभावशाली लोगों में
ऐसा लगता है अपनी प्रतिभा और अपना होना उन्होंने कहीं रख दिया है
वे किसी के लिए बोल रहे हैं

जब वे अन्याय को ही न्याय कहते हैं
उनके पीछे अदृश्य धागे साफ़ दिखने लगते हैं

मैं रिमोट से चैनल बदलता हूँ
मैं किस चैनल पर जाऊँ?

आपके फेसबुक ट्विटर व्हाट्सअप पर आप का पीछा करती भेड़ियों की फौज़ है
आग उगलती मारो-मारो चिल्लाती
डर सपने में भी रिवॉल्वर दिखाता हुआ

आपका इन्तज़ार करता घर है
गर्वित पर सहमा हुआ

हो सकता है जब आप कैमरे से उठकर बाहर आएँ
कोई शोकॉज नोटिस आपका इन्तज़ार कर रहा हो

साक्षात्कार में जब धार्मिक सत्ता ने
असुविधाजनक सवालों से घबराकर कैमरा बन्द करवा दिया

आपने फिर भी नहीं खोया धैर्य
मुस्कराकर कहती रहीं
मुझे थैंक्यू तो कहने दें

सच बताइए किसको धन्यवाद देना चाहती थीं आप

मैं कहता हूँ शुक्रिया
आपका।

पेपर वेट

उसका वजन
काग़ज़ों को इधर–उधर बिखरने से रोकता है

भार से वह
काग़ज़ों को कुचलता नहीं कभी भी

ताक़त की यह भी एक नैतिकता है।

शुभकामनाएँ

जनवरी का पहला दिन
वर्ष का वह पहला पत्ता है जिस पर दिसम्बर की आख़िरी रात के सभी तारे
सूरज के लिए टिमटिमाते हैं

धुंध में ठिठुरते हुए सूरज की यह सुबह
अगर अपनी हँसी उस पर बिखेर दे तो यह
एक वृक्ष की यात्रा होगी
वृक्षों की यात्राओं से बने हैं वन

इस पथ पर रातों के छोड़े निशान भी होंगे
सुबह उन्हें मिटा देगी
पत्ते अगर
जनवरी की पहली सुबह हरे हैं
तो पृथ्वी की इस अनवरत यात्रा के लिए शुभकामनाएँ

शुभकामनाएँ उस बछड़े के लिए
जो अभी हिलते-डुलते उठेगा
और अपनी सपनीली आँखों और नर्म देह से मथ देगा पृथ्वी
गो-धूलि में ढक जाएगा दिन

शुभकामनाएँ उस हँसी के लिए
जो ज़र्द होंठों से अब भी उतरती हैं

तन कर खड़ी हो जाती हैं
मनुष्य को मनुष्यता के पास बुलाती हैं

शुभकामनाएँ ओस में बचे जल के लिए
जो धीरे-धीरे छूता है होंठों को
जल को तरल करती है प्यास
कि उसके लिए अभी भी है जल
जिसे वनस्पतियों पर हवा ने रच दिया है
दिन और रात की किसी सन्धि बेला में आकाश के नीचे

शुभकामनाएँ हवा, आकाश, वनस्पतियों के लिए।

उत्तर-पैग़म्बर

1

वह यह तो चाहेगा कि तुम नेक बनो
पर तुम्हारी वफ़ादारी उसने कभी नहीं माँगी
उसे आज्ञाकारी दास नहीं चाहिए थे

ये ज़ंजीरें तुम्हारी ख़ुद की हैं।

2

तुम ख़ुशहाल रहो
आख़िरकार उसने तुम्हें बनाया जो है

पर तुम उसके कहर से न जाने क्यूँ डरते रहे
बचते रहे उसके श्राप से
वह तुम्हारे लिए विनाश और तबाहियाँ क्यों लाएगा
जबकि उसने तुम्हारे लिए सूरज चाँद तारे बनाए
सुकून भरी रातें और स्वाद भरे फल बिखेर दिए धरती पर

उसने सुन्दरता को पहचानने के लिए रौशनी दी है तुम्हें।

3

वह सर्वशक्तिमान है
वह तुम्हारे प्रसाद और बलि का मोहताज़ नहीं
उसे तुम्हारी कृतज्ञता भी नहीं चाहिए।

4

उसे कुछ कहना होगा तो कह लेगा
उसे सब भाषाएँ आती हैं

वह आकाश के काग़ज़ पर कड़कती बिजलियों से इबारत लिख सकता है

उसे किसी सन्देशवाहक की ज़रूरत नहीं
न कभी उसने भेजे

क्या उसने शेर को बताया उसका जंगल
चिड़िया को उसकी उड़ान
नदी को उसकी गति

क्या तुमने कभी ख़रगोश को प्रार्थना में झुके देखा है
उसकी दौड़ ही प्रार्थना है।

5

वह न्यायप्रिय ठहरा

और तुम उसके मानने वाले अपनी बहनों से ही नाइंसाफ़ी करते हो
और फ़र्क़ करते हो उसकी सन्तानों में
काले गोरे नाटे लम्बे सब उसके ही साँचे में ढले हैं

लोगों को उनके सद्गुणों से पहचानो
उनके ज्ञान, विवेक और सहृदयता का सम्मान करो
श्रम की इज़्ज़त करना सीखो।

6

वह तुम्हारा रखवाला है

बेवजह उसकी कृपा के लिए
झुके हुए बुदबुदाते रहते हो उसका नाम
वह बेख़बर नहीं है तुमसे
उसकी कोई रीति नहीं
न ही उसका कहीं कोई घर है।

7

वह सर्वव्यापी है
दिग्दिगन्त तक फैली है उसकी आभा
उसने तुम्हें विवेक दिया

वह कोई कातिब नहीं कि आख़िरत में तुम्हारा हिसाब-किताब करेगा
न जन्म के पहले कुछ था न मृत्य के बाद कुछ है।

8

तुम कैसे रहते हो
क्या पहनते हो
तुम्हें क्या खाना चाहिए

इसके लिए उसने कोई दिशा निर्देश नहीं दिए
नहीं तो वह तो तुम्हारी पीठ पर इन्हें उकेर देता

यह तुम ख़ुद तय करो।

9

जहाँ हो
वहीं बना लो स्वर्ग

खिलो और फिर अपनी सन्ततियों में खिलते रहो
अपने कर्मों में महकते रहो
यही अमरता है।

10

और यह भी कि
यह धरती सिर्फ़ तुम्हारी नहीं है
आकाश, समुद्र और ज़मीन साझे के हैं
इस पर रहने वाले छोटे से छोटे कीट की भी यह उतनी ही है

एक असमय पड़ा पीला पत्ता
कहीं किसी पेड़ के सूख जाने की तरफ़ इशारा करता है
और पेड़ों का काटा जाना जंगलों की तबाही है
जहाँ से मिलती है तुम्हें हवा
और पहाड़ों की पीठ पर पानी से भरे बादल हैं
काले धुएँ से पीला पड़ा प्रकाश तुम्हारे लिए विभीषका लाएगा
बचो ख़ुद के पैदा किये कचरे से

मैंने तो तुम्हें साफ़-सुथरी पृथ्वी दी थी
कल-कल करती नदी
और चमकती हवा।

आदमजात

मेरे जन्म ने तय कर दी मेरी पहचान
मुझे जो कुछ रटाया गया मैंने याद किया
मैंने सीख लिए रस्मो-रिवाज़
अपने धर्म को अन्तिम मानते हुए मैंने उसे स्वीकार किया

मुझे सम्भावित नर्क से बचने के लिए
अपनी तरफ़ से न कुछ देखना था, न सुनना था, न सोचना था, न बोलना था

अब मुझे कृपानिधान, सर्वशक्तिमान की इस सृष्टि में कर्मफल भोगते हुए
स्वर्ग की चाह में मरना था

और इस तरह मैंने अपनी मनुष्यता खो दी।

घर

1

सबसे पहले फावड़ा आया झुके हुए मज़दूर के कन्धे पर
फावड़े ने झुक कर कहा धरती से
मिट्टी चाहिए

उसे पता था कहाँ से लेनी है मिट्टी, कहाँ की लेनी है मिट्टी, कितनी लेनी है मिट्टी

उस भगीरथ को ज़रा देखो
सारी इमारतें उसी की लाई हुई हैं।

2

मिट्टी ने कहा जल से थोड़ी देर के लिए बस जाओ मेरी देह में
फिर दोनों निर्वस्त्र खड़े हो गए सूरज के सामने
कि पता ही नहीं चलता था कि पानी ने कहाँ-कहाँ गढ़ा है उन्हें
कि पानी के आकार में ख़ुद वे ढल गए हैं कि
पानी ने उनके अन्दर तान लिया है अपना होना
कि तयशुदा आकार में दोनों कैसे एक साथ ढल गए होंगे
सूरज तपता रहा उनके बीच
पकती रही ईंट

3

ईंटों ने कहा रेत से कि आओ चलो हमारे साथ
हमारे बीच रहना
न रिसना, न भुरभुराना, बस जकड़ लेना
जकड़े रहना

रेत पानी से बाहर आई
रेत के पीछे-पीछे दूर तक टपकता रहा पानी

4

पत्थरों के पास घर का आदिम है
अपनी दीवारों पर सजा ली है उसने मनुष्यों की सभ्यता
अब भी वह हर एक घर में है
हर घर एक गुफा है
पत्थरों की मुलायम और नर्म छाँह में
खिले हैं सन्ततियों के फूल जैसे होंठ

पत्थरों के पास आरक्त तलवों की लाली है
पत्थरों ने अपनी गोद में बिठाया है बाल सँवारती सुन्दरियों को
पत्थर की शैया पर पूर्वजों की भर आँख रातें हैं

पत्थर सीमेंट के निराकार में सामने था
कोई इस तरह भी अपने को मिटा सकता है
कि उसका होना भी अँगुलिओं से सरक जाए।

5

दीवारें जब उठीं तो सब आए
मेघ, कभी घने कभी भरे
सूरज इस तरह तपा कि बस

हवा कुछ पत्ते उड़ा लाई घर में
ईंट, बालू, रेत सब सोच में पड़ गए
राज मिस्त्री अपनी घनी घनी मूँछों में मुस्काया उसे पता था लोहे का

लोहा धौंकनी से अभी-अभी बाहर निकला था
उसके चेहरे पर आब
शरीर पर रुआब
उसके साँवले जिस्म पर धारियाँ थीं
लोहार ने उसे तने रहना जतन से सिखाया था

सबसे पहले ईंट गई उसके पास और उसने अपने पुराने सम्बन्धों का वास्ता दिया
जब दोनों साथ रहते थे
पर ईंट भी अब कितनी बदल गई थी

रेत, रोड़ी और सीमेंट के बीच अपने को गुम करने का आमंत्रण लिए उसका पुराना मित्र खड़ा था।

6

कठफोड़वा ले आया काठ
खट-खट-खट की आवाज़ से भर उठा वह अधबना घर

बनाई उसने चौखट
खिड़कियाँ, दरवाजे, रौशनदान कि सुबह-सुबह आए सूरज
कि आएँ हवाएँ
कि दिन और रात आएँ
बारी-बारी से

7

इन्द्रधनुष से एक-एक कर उतर आए रंग

जब बन गया घर
मज़दूरों ने कहा चलते हैं अपने घर कि घर कभी हमारे नहीं होते

राज मिस्त्री के हाथों की लकीरों में गुम हो जाते हैं घर

नींव की तरह।

मैं क्या

बादल घिर आए थे
बिजली चमक रही थी, गिरने की आवाजें रह-रह आतीं
इस चमक में अँधेरे का कोई टुकड़ा एकाएक रौशन हो जाता
वह टुकड़ा अँधेरे से अलग होकर कहीं से अधूरा नहीं लगता
पारदर्शी हो चले दृश्य से वह बह कर निकल आया था
उसे फिर एक अपरिचित की तरह देख रहा हूँ

जैसे मैंने ख़ुद को खटखटाया हो
मैं जो इतना पहचानता हूँ कि ख़ुद से अनजान हूँ

क्या मैं अन्दर आ सकता हूँ श्रीमान?

मरते हुए फूल में अभी भी बची हुई गंध ने जैसे पूछा हो
मेरी ख़ुशबू का तुम्हें ज़रा भी इल्म है?
तुम्हारी कोशिका में मेरे एहसास का कोई इशारा भी कहीं बचा है

मोमबत्ती का मोम पिघलकर गिर रहा था ख़ुद मोम में
ख़ुद से अलग होकर ख़ुद में गिरने से
इतनी रौशनी?

इस रौशनी की ताक़त के अँधेरे से मैं डरा कि इसकी ओर आते हुए परवाने
अपना अन्त भी नहीं देख पा रहे थे

मेरी आवाज़ के टुकड़े गिर रहे थे अर्थ की छाया में
पुकार के वैभव में मैंने जाना शब्द बिना अर्थ के भी रहते हैं

क्या हूँ मैं?
क्या मैं एक मशीन हूँ जिसके पुर्जे घिस रहे हैं
जिसे कबाड़ी ले जाएगा कभी
इस ब्रह्मांड में एक तिनके जितनी जगह भी नहीं होगी मेरे लिए
किसी दिन।

हम न मरब

तुम मृत्यु और अन्त को एक ही कहते हो

मृत्यु के बाद क्या अन्त हो जाता है किसी का
किसी का भी
मेरा-तुम्हारा हम सब का

क्या करोगे उस हँसी का जो मेरी मृत्यु के बाद भी
मेरे लगाए पौधों में फूल बन खिलते हैं

उस शोक का अन्त नहीं होगा
जो मैंने एक हरे पत्ते के असमय पीले पड़ जाने पर प्रकट किया था
जो बाद में मेरे बच्चों की टहनियों से किसलय की तरह फूटे

मेरे दुख मेरी मृत्यु के साथ ही जल नहीं गए
उसकी लपटें उस युवा की आँखों में तुम देख सकते हो
जो उठ खड़ा हुआ है प्रतिकार में

मेरे अनुभव घिस जाने के लिए नहीं
देखो उनके सहारे बच्चों ने कैसी उपजाऊ ज़मीन बना रखी है
उगते हैं मीठे-मीठे फल मेरी खाद से

मृत्यु का हद से हद खाद हो जाना है

भविष्य के लिए अगर मैं खाद बनता हूँ तो यह तो अन्त नहीं।

धरती

1

यह जो जल से भरी और प्रकाश से चमकती पृथ्वी है
जिस पर वनस्पतियों की छाया है
और जहाँ जीवों का कलरव है

अनन्त में घर है मनुष्य का
पर यह घर सिर्फ़ उसका नहीं है।

2

हवा में गर आग भरोगे
ज़हर पानी में
नष्ट कर दोगे वनस्पतियों को

तुम बे-घर हो जाओगे
तुम्हारा प्राचीनतम दोस्त श्वान भी तुम्हारे साथ नहीं होगा।

3

पक्षी भूल गए हैं रास्ता
अन्धी हो गई हैं मछलियाँ
स्वाद के बड़े से बाड़े में क़ैद हैं जानवर

दुर्गम में खिलने वाले फूलों के रंग-गंध
खिलने से पहले ही चुरा लिए गए हैं

जो निहत्थे और मासूम हैं उनपर तेज़ धार चाक़ू लटक रहा है

यह जो वध-स्थल है
इसे भी आदमी ने तैयार किया है।

4

तुम सुबह उठते हो
जल को गन्दला कर देते हो

घर से बाहर निकलते हो
हवा को बदरंग करते हो

तुम्हारी नींद के बाहर
धरती का बदन असंख्य घावों से टीसता रहता है।

5

तुम्हारे नश्वर शरीर पर न जाने कितनी मैल है
तुम्हारे कपड़े हमेशा फिर भी मैले ही रहते हैं
घर में धूल भरी रहती है हर जगह
तुम्हारे हाट-बाज़ार शहर तुम्हारे ही धुएँ से अंटे पड़े हैं

तुम्हारी साफ़-सफ़ाई से बहुत इकट्ठा हो गया मल

तुम्हारी सभ्यता से गिरती गन्दगी से ढक गई है पृथ्वी।

6

धरती पर चलना
भूल गए हो

जंगलों, नदियों, पहाड़ों और रेगिस्तान के बीच इस तरह रहना
जैसे तुम वहाँ हो ही नहीं।

7

धरती पर जो कुछ भी कहीं
दुर्गम अलक्षित मनोरम था
नष्ट हो रहा है

रोको सुगम रास्तों को
वाहनों को
होटलों को
सैलानियों को।

8

बचाओ हवा को
जल को
पहाड़ और रेगिस्तान को

बचाओ मछलियों को इस बड़े जाल से
पक्षियों को धुएँ से भरे आकाश से

वृक्षों को आरी और कुल्हाड़ी से
खेत को उर्वरक और कीटनाशक से

अपने पेट को मारे गए जानवरों की कब्रगाह होने से बचाओ

बचने के लिए बचाओ।

9

अगर नदी तुम्हें विमोहित नहीं करती
तो तुम्हारी नाव तुम्हें कहीं नहीं ले जाएगी

गर वृक्ष तुम्हें कृतज्ञता से नहीं भर देते
तो तुम्हारे अन्दर एक कुल्हाड़ी छुपी है

अगर तुम्हारे अन्दर बचपन के ख़रगोश की निर्दोष आँखें अब भी चमक रही हैं
तो तुम बचे हुए हो

नहीं तो एक निरर्थक विवशता के सिवा हो क्या तुम?

10

अनन्त में अस्थिर पृथ्वी पर मनुष्यों की सभ्यता में अब
अनन्त नहीं है

वह अन्त की तरफ़ सरक रही है।

11

ख़ुद से पके फलों का स्वाद
ख़ुद के लिए खिलते फूलों के रंग

न पुरुष न स्त्री

नदी के निकट
हरी घास पर नर-मादा का युग्म

जंगल से आती आवाज़ों के बीच
चट्टान पर लेटे हुए चमकते तारों के नीचे की कोई रात

अलाव की रौशनी में
थापों के बीच झूमती मदिर देह की सामूहिक गंध

किसी सांचे में ढलने की विवशता की हिंसा से दूर

बे-खटके खेलते बच्चे

सभ्यता के द्वारा नष्ट कर दी गई संभावनाओं की फ़ेहरिस्त लम्बी है।

12

इस धरती पर दूर-दूर तक फैल गई हैं
आदम की बस्तियाँ

अब कहाँ जाएँ इसके बाशिंदे?

क्रॉसिंग

जहाँ सड़क को काटती है रेल वहाँ रेल के आने पर सड़कें ठहर जाती हैं
अभी सड़क के नीचे न सुरंग हैं न पुल
कि यात्राएँ न काटें एक-दूसरे को

तभी एकाएक आ गए कुछ बच्चे अधनंगे, मटमैले, धूप में तपे हुए
पिंजरों में लिए तोते

उनकी याचनामूलक ध्वनियों का सभी भाषाओं में एक ही अर्थ था
वे मुँह से नहीं पेट से बोल रहे थे

घरों में पक्षियों की आवाज़ें कब से चुप थीं कि अब वे स्मृतियों से भी धुल गई थीं
बच्चों के पास खेलने के इतने यंत्र थे कि वे उसी में सुन लेते तमाम तरह के शोर
मासूमियत, जंगल, पक्षी, जानवर इनका अब आपसी रिश्ता नहीं बचा था

पके अमरूदों में ख़ुश तोतों को यह सोच कर पकड़ा गया था कि
उनकी नकल की कला का कोई मूल्य अभी बचा हो बाज़ार में

बिकने से रह गए तोते न जाने राहत महसूस कर रहे थे कि लज्जा

जो पक्षियों से प्यार करना भूल जाते हैं वे एक दिन उन्हें मार देते हैं
वे उन्हें मारते हैं धुएँ और शोर से मोबाइल टावर के रेडियेशन से

वे पहले एक पेड़ की हत्या करते हैं फिर धीरे-धीरे मर जाता है जंगल

अब अगर यह मनुष्य की यात्रा थी तो इसमें पक्षियों की जगह नहीं बची

देखें कब तक बचता है मनुष्य।

जीवन

हाँ समुद्र थे और खारे थे
पहाड़ थे
बारिश में भीगते हुए
जमते हुए ठंड में
कभी धवल कभी उजाड़
ऊँचे और तीखे

रेत की नदियाँ थीं

हरे-भरे जंगल
जानवरों से आबाद
पक्षियों के कलरव में डोलते
समेटे हुए जल के मीठे सोते मछलियों से भरे

बाघ अक्सर कहानियों से निकल बाहर आ जाते
मासूम मेमने
एक ही घाट पर बाघ के साथ पानी की अभिलाषा लिए

थोड़े से सुख थे थोड़े दुख।

सृष्टि

प्रकाश ने चुना सूर्य को
आलोक ने नक्षत्रों को
चन्द्रमा को आकार दिया पूर्णिमा ने

पृथ्वी का आमंत्रण वेग से बहते वायु ने स्वीकार कर लिया
और बादलों ने अपनी जल से भरी नाव धरती से बाँध दी
जड़ों से होते हुए पौधे दूर-दूर तक फैल गए
पसर गई घास

जल से प्राण के लिए उछली मछली ने
रच डाली यह सृष्टि

और पत्थर से किसी ने अतिरिक्त हटा कर गढ़ दिया ईश्वर को।

बन्द कमरे में घड़ी

श्मशान में घड़ियाँ गर दुरुस्त हों सही समय देंगी

कलाइयों में धक-धक करती नब्ज़ की जैविकता से उनका क्या लेना-देना
कि नब्ज़ बन्द हो और
रुक जाएँ कील-कांटे

प्रार्थना में ही घड़ियाँ नहीं देखी जातीं
हत्यारे भी समय के साथ करते हैं अपनी ज़िन्दगी बसर

प्रेम का समय और संहार की बेला अलग-अलग एक साथ घटती हैं
यांत्रिकता में

जब घड़ियाँ नहीं थीं
धूप घड़ियाँ रात में तारों की मुहताज बनी रहीं
समय के हाथों फिसल जाती थी रेत

इसकी टिक-टिक की कोई लय
आकाशगंगा से कहीं टकराती है

ब्रह्मांड एक विशाल घड़ी ही तो है

जहाँ तारे, ग्रह, उपग्रह अदृश्य आकर्षण में बँधे
अनन्त में अपनी चक्रीय गति पर हैं

क्या ईश्वर घड़ीसाज़ है
झुका हुआ हमारे जैविक समय पर?

भाषा

स्वर्ग से निर्वासित आदम
रहता है उस घर में

नदियों, पहाड़ों, रेगिस्तानों, जंगलों में भटकता हुआ
तराशता हुआ अपनी आवाज़ को
आकाश गंगा में बहते समय के जल से वह शंख लेकर आया है
दसों दिशाओं में उसकी अनुगूँज है

तानता, कसता, उठाता, पहचानता हुआ अक्षरों को
लिपि में सेंक कर रखता है
ठीक से पकाकर सहेजता है

वह भाषा में ख़ुद को देखता है
वह भाषा में ही बनता है

उसकी त्वचा पर उसकी लिखावट गुदी हुई है
जब वह दादी की गोद में था
उनकी झुर्रियों की यह चिपचिपी स्याही लिख रही थी यह वर्णमाला

माँ ने उसे वस्त्र पहनाया और कहा
वस्त्र

वह कपास के फूल के धागों से बना ढीला-ढाला एक ढाँचा
वस्त्र में बदल गया
उस पर आ बैठ गई तितलियाँ

भाषा के पात्र में
किसी दिन कुछ अस्फुट ध्वनियों के साथ वह हमेशा के लिए गिर जाएगा।

दीवारें

सारा दोष दीवारों पर धरा गया कि
वे खड़ी हो गई हैं पुश्तैनी घर के भीतर
भाइयों के बीच

पड़ोसियों के बीच जो अदृश्य अवरोध था उसे भी दीवार ही कहा गया
यहाँ तक कि देशों के बीच खड़ी कर दी गई नफ़रतें
गारे की जगह शासक अपनी हिंसा से चिन देते थे ईंटें
पवित्र किताबें धीरे-धीरे डूबती चली गईं दलदल में
पाप की बड़ी सी चहारदीवारी में पुण्य के अलग-अलग कक्ष थे पारदर्शी

बिना दीवारों की किसी जगह की कल्पना दरवेश ही कर सकता है
और वहाँ रह सकता है औघड़

धरती के ऊपर आसमान के नीचे दिशाओं के बीच यह जो जगह बनी है
घर है
जहाँ हर यात्रा के बाद लौट आती है किश्ती
टेक लगा खड़ी हो जाती है साइकिल
टंग जाता है छाता
कोई बजाता है सांकल

टंगी हुई घड़ी कुतरती जाती है समय को
और कैलेंडर बढ़ता जाता है दिसम्बर की आख़िरी रात की तरफ़

ऋतुओं को पार करता हुआ

दीवारों में खिड़कियाँ खुल सकती हैं
और दरवाज़ें खोले जा सकते हैं

दीवारों पर आप लिख सकते हैं
यहाँ दीवारें नहीं हैं।

घड़ी पर समय का भार है

कभी-कभी इतना भारी हो जाता है समय
कि घड़ी सुस्त चलना चाहती है

चाहती है दुर्दिन में तेज़ चलकर उस पार निकल जाए
जहाँ बेहतर दिन न सही
कम से कम काट लेने लायक रातें तो हों

अच्छे दिन किसे कहते हैं और बुरे में कितना बुरा है
घड़ी सोचती है

हर सुबह वह उठाती है कि यह लो नया दिन
और
अब हुई रात
समय में जैसे ठहरा हुआ एक दूसरा ही समय

घड़ीसाज़ की आँखों से इतिहास पढ़ना चाहिए
तटस्थ
उसकी आँख में दबे लेंस से कुछ भी नहीं बचा रहता
वह घड़ी को समय के साथ रखता है
बताता हुआ काली रात के बाद सुबह होती है

घड़ी के डायल पर समय का जल
और समय की रेत बनाते हैं अनवरत नदी

घड़ी समय को बदलती तो नहीं
पर समय के हिसाब से चलती भी नहीं
और यह
ऐसे समय में
और यह ऐसे-वैसे समयों में

कितनी राहत की बात है।

रिक्त

अर्थ से इतना गिर जाऊँ कि हो जो जाऊँ रिक्त
इतना निरर्थक
कि सभी सत्ताओं के लिए अनुपयोगी

दृश्य से विलग कि
लगभग अदृश्य

संज्ञाशून्य, विशेषणच्युत

पूर्ण इतना कि
नर न मादा
न आश्रय न आश्रित

पशु–पक्षिओं के बीच लुप्त मनुष्य की प्रजाति का कोई भटका हुआ जन।

काम की बात

तुमसे आज बात हुई
आज बस यही एक बात हुई।

स्पर्श

मेरी आकांक्षा का पुष्प तुम्हें स्पर्श करने से पहले ही खिल गया है

टूट कर गिरने से पहले
तुम मुझे छू लो।

कोई किसी को क्या देगा

मुझे अपना हाथ दो
घड़ी भर का ही सही साथ दो

मेरे दुर्दिन में मेरे घर आओ
मेरी ख़ुशी में भी आ आओ
वैसे भी जब मन करे आ जाओ
न मन करे तो ज़रूर आओ

कुछ खरी कहो बेलाग
मैं जब कहूँ तुम भी उसे समझो मेरे यार

इतनी बड़ी दुनिया उससे भी बड़ी उसकी बातें
कुछ दिन कहीं रहें बे-फ़िक्र

कुछ तुम पढ़ो कुछ मैं
और आओ उनसे जूझें कुछ देर
कुछ दूर

कुछ चीज़ें हमेशा के लिए बुझने को हैं
कहीं आग लगी है
कहीं धुआँ उठ रहा है

इस बार बैराज पर कुछ नये परिन्दों ने डेरा डाला है
कुछ ने रास्ते बदल लिये
कुछ गुम हो गए अबकी गर्मी में

महानगरों से लौटती ट्रेनों के अनारक्षित डब्बों में
आदमी की जगह लगभग कंकाल लौट रहे हैं

क्या कर सकते हो तुम
और क्या हो सकता है मुझसे?

अगर मैं

अगर मैं गिरा तो प्रेम में गिरा
झुका तो सामने प्रेम खड़ा था

अगर मैं अनैतिक हुआ तो प्रेम में हुआ
समझौते हुए होंगे प्रेम बचाने के लिए
चालाकियाँ प्रेम पाने के लिए

अगर मैं नालायक था तो इसलिए कि प्रेम के लायक बन सकूँ

जब लोग असरदारों के सामने गिरे, झुके, घिघिया रहे थे
और अपनी तरफ़दारियाँ चुन रहे थे
मैं प्रेम में था
मुझे इसके लिए आज भी लज्जित किया जाता है

शुक्र है मैं बदनाम दुनियादारी के लिए नहीं हुआ।

यह जो है

यह जो पिघलता है और दहकने लगता है
जिसकी आंच झुलसाती नहीं
वह क्या है

होंठ जहाँ-जहाँ छूते हैं वहीं खिल जाते हैं फूल
यह जो महकता हुआ फूल है वह तुम्हारी देह में कहाँ खिलता है

यह जो मद है होश नहीं लेने देता
वह कहाँ से चढ़ता है

वह कौन सी जगह है जहाँ मुँद जाती हैं आँखें

मैं चूमता हूँ तुम्हें बार-बार

घास की हँसी में डूबता हूँ साँझ की तरह।

तुम्हारा वक़्त

कुछ चीज़ें अभी भी रह गई हैं
मटमैली नदी की धार पर पत्तों पर रखा दीप, जलता-बुझता फिर भी जलता हुआ

रह गई हैं छत पर ओंस की बूँदें
बूँदों में चमकता साफ़ जल
जल से बह निकला सूरज का सुनहलापन

पलकें भारी हैं तुम्हारी उन पर आशंकाओं के मेघ हैं
तुम्हारी देह का पानी चढ़ रहा है मेरे ऊपर

पंखे से जलने की गंध आ रही है
वोल्टेज ज्यादा होने से शायद फुंक गया है तार

मेरे अन्दर कुछ गिरने की आवाज़ शायद तुम तक आई हो
कामना, प्रेम, वासना क्या नाम दूँ

उमस और गंध से भर गया है कमरा
खिड़की खोलता हूँ, खिड़की के उस पार बादल का एक टुकड़ा है

तनी हुई रस्सी पर यह दौड़ने का यह वक़्त है
यह वक़्त नहीं गुलाब का
यह वक़्त है मशरूम का कि उसे निगल जाओ
यह फूलों का अपनी डालियों पर खिलने का वक़्त नहीं

यह चूजों की स्वाभाविक मृत्यु का वक़्त नहीं
यह किसी स्त्री-पुरुष के अकुंठ प्रेम का वक़्त नहीं
यह गान का वक़्त नहीं

यह शाम के धुँधलके और सुबह के कुहरे का वक़्त है
यह वक़्त कौंधते दृश्यों का है यह वक़्त चमकती रातों का
यह शोर, शहर और शरीर का शातिराना वक़्त है

मैं अगर गिर जाऊँ प्रेम में कि घिर जाऊँ वासना में
यह तुम्हारे उठने का वक़्त है।

सार्थक

अगर खोट हो मेरे प्रेम में कट जाए मेरी जीभ
मेरी पुकार में मिलावट हो
रुद्ध जाए कंठ

मैं हाथ बढ़ाऊँ और उसमें दुनियादारी की मैल हो
झुक जाएँ मेरे कन्धे

तुम्हारे सुख में हँस न सकूँ
रो न सकूँ तुम्हारे दुख में

तो बन जाऊँ भारी पत्थर।

आना

आने के तमाम रास्ते हैं
जो सबसे छोटा हो उसी से आना

आओ कि बारिश नहीं हुई
प्यासी है दूब
चाँद से झरती रौशनी पर वर्षों की धूल जमी है
पेड़ों के पत्ते अकड़ कर पीले पड़ गए हैं
सूरज दिन भर जलाता रहता है

हवाओं में नमी लिए
मेघ की तरह आओ

किसी अनजान चिड़िया की तरह आना
तुम्हारी आवाज़ से उठ बैठे कब का सोया अकेलापन

आना
भाषा में इसे फिर से दुहरा रहा हूँ
जैसे पहली बार कोई किसी से कहता है

खुला है दरवाज़ा
मन की देहरी अभी-अभी कच्ची मिटटी से लीपी गई है
थोड़ी गीली है अभी।

चाहत

तारे लिखते हैं तुम्हारा नाम
सरसराती हुई हवा तुम्हें पुकारती है
तुम्हारी याद में हरा कुछ और गाढ़ा हो गया है

नदी से अभी-अभी निकले सूरज को देखता हूँ
तुम्हें कभी भी पूरा कहाँ देख पाया मैं

नदी के पार मेरा घर है
पर मुझे अपने साथ बसा लो
मैं लम्बे रेगिस्तानों को पार करता हुआ सदियों से तलाश रहा हूँ तुम्हें

मेरे पास सिवाय चाहत के और कुछ नहीं है।

अलग-अलग

जब वे साथ थे
हमेशा साथ-साथ रहे

रंग, स्वाद, धुन और किताबें
साथ रहीं ट्रेनें
पहाड़ियाँ और घास

तमाम सर्द रातों में वे एक थे
गर्म हवाओं के बीच वे इतने एक थे की पसीने का स्वाद भी एक हो गया था

वे निर्वस्त्र होकर और एक हो जाते
कि पता नहीं चलता किसकी त्वचा कहाँ से शुरू हो रही है

जब हुए अलग
साथ रहने की यातना उनके साथ अलग-अलग गई

चोटों के निशान दोनों के अलग-अलग थे
लथपथ थे दोनों के मन अलग-अलग

अलग-अलग बची रह गई आत्महत्या की इच्छा
हत्या की हद तक वे दोनों अलग-अलग पहुँचे थे

वर्षों अलग-अलग रहने के बाद
वे अलग हुए

साथ-साथ हुआ अलग-अलग।

अब नहीं

अब नहीं हिम्मत वन-वन फिरने की
सहरा-सहरा भटकने की
दरिया-दरिया बहने की

तुम्हारे केश अब वैसे चमकीले नहीं रह गए होंगे
मेरे लिए वे हैं अब भी काले, घने
मेरी रातों में महकते हुए

मेरी मुट्ठियों में गुलाब है
तुम्हारे पास अर्थ भेजने से डरता हूँ
शब्दों ने खो दिया है भरोसा

मेरा चेहरा झुरियों से घिर गया है

पर वह एक फूल बारिश में भीगा हुआ तुम्हारे जैसा
रेत की नदी में अभी भी है।

आज गाना चाहता हूँ गीत

तुम्हारे लिए गाना चाहता हूँ गीत

जब खिलेंगे रंग
बटोर कर रख दूंगा तुम्हारी आँखों में

तुम्हारे होंठों पर सुबह की फिसलती धूप में
किसलय का रक्ताभ है

आज गाने दो मुझे वह गान
जिसमें चाँद-सितारे हों
नदियाँ निर्मल कल-कल बहती हों

अपने ही भार से झुकी वह टहनी
और काँपता वह एक शबनम तुम्हारी आभा में
मिलन की घाटियाँ फूलों से भरी हुई

किले की दीवारों पर उकेरी मूर्तियों में आज फिर खट-खट है
गीतों को लिख रहे हैं पत्थर
उन्हें सुनना आँखों से

हालाँकि आज मेरा कंठ रुद्ध है
और बैठ गई है मेरी आवाज़

उसमें भीड़ से घिर गया एक बेहद डरा हुआ आदमी है

मैं फिर भी गाऊँगा
मैं अँधेरे की कालिमा खुरचते हुए गाऊँगा सुबह का गीत

मैं गाऊँगा कि मैं करता हूँ इस पृथ्वी से प्रेम।

कह नहीं सकता किसका अरमां है

मेरी चाहत के तारे
तुम्हारे घने केशों में टिमटिमाते हैं

मेरी रातों में
तुम्हारी उजली हँसी फैली है

मेरे आँखों के लम्बे रेगिस्तान में
भटकती हुई तलाश है

तुम्हारे पहाड़ों पर मैं मुलायम घास की तरह
उग आया हूँ

तुम्हारी सलवटों में पसीने का जो यह नमक है
वह मेरी अरमां के समुद्र का किनारा है

रातरानी की ख़ुशबू
मेरे आँगन में बिखरी है
ओस उन्हें हर सुबह ताज़ा रखती है

चाहत की लपट में शाम तक तपता हूँ
बावड़ी की उतरती नम सीढ़ियों के आख़िर पर बैठा तुम्हें पुकारता हूँ
जल में कामनाओं का घेरा बनता-बिखरता है
यह सुलगती हुई पीर मुझे ज़िन्दा रखती है

तुम्हारी आहट की खट-खट से मेरे जंगल की सुबह हुई
बिखरती-बहती हवा तुम्हारा पता दे जाती है

सुर्ख़ में सिर्फ़ लाल नहीं होता
उसके अनेक रंग तुम्हारे होंठों से उतरते हैं
जैसे उस पर सुबह की धूप फिसल रही हो

और कपड़े सिर्फ़ सफ़ेद कपास नहीं होते
जब तुम उन्हें पहनती हो वे फूलों की तरह खिल जाते हैं
महकते हैं तुम्हारे पराग से

तुम्हारी कलाई और घड़ी के सफ़ेद पट्टे के बीच
वह भीगी सी हवा
दरअसल मैं हूँ।

मिलना

मिलना तो पानी की तरह मिलना

जल जब शीत से मिलता है
ओस बन जाता है
चमकता हुआ हरे पत्ते पर सूरज की पहली किरण के लिए
कि इस चमक में कहाँ जल है किसकी रश्मियाँ और कहाँ शीत

शब्दों से अर्थ मिलते हैं पर गिर नहीं जाती उनकी ध्वनियाँ
शहद अपनी मिठास में घुलता जाता है
पहले तो वह फूल में घुलता है फिर पराग में फिर गुंजार में

लय से नृत्य मिलता है और दोनों बचे रहते हैं एक होने के उत्कर्ष पर
जैसे देह पर उसका नमक

उच्चरित जब कंठ में घुलता है
एक नदी बह निकलती है पत्थरों को तराशती हुई

धूप में रहती है गर्माहट
चांदनी में शालीनता
पूर्णिमा पूर्णता का संतुलन है
अमावस अपने को खो देने की गरिमा

मिलना तब जब कोई उम्मीद न हो कोई
आहट भी नहीं

उदास स्त्री को मिले उसका व्यतीत प्रेम
प्रेम को मिले उसकी आतुरता

आकर्षण में कुछ इस तरह घुल जाए कामुकता कि मिलना
पिघल जाना हो

चेहरे पर जैसे आभा
दांतों पर रुकी हुई हँसी
होंठों पर चुप्पी की सलवटें

प्रेमियों के मिलने के बाद भी
बची रह गई उत्कंठा

मनुष्य में न मिलना क्रूरता और कपट की तरह

मिलना प्रकाश की तरह कि जिससे वह मिले
उसका होना और दिखे।

सुख-दुख

इस तरफ़ मैं हूँ
उस तरफ़ तुम्हारा दुख

शाम धीरे-धीरे रात में गिर रही है
आकाश में दीप्त हो रहे हैं तारे
लम्बी यात्रा के बाद वे यहाँ पहुँचे हैं अपनी रौशनी के साथ
आदि और अन्त से परे
अनन्त से

रात के इस बड़े से दोने में रख दो अपनी व्यथा
नदी में टिमटिमाते हुए नक्षत्र की तरह इसे बह जाने दो
अन्तरतम के असीम से

पत्ते शोक में पीले पड़ एक-एक कर गिर जाते हैं
उन्हें सबसे पहले सूरज उठाता है उठाती हैं तितलियाँ
वृक्ष उन्हें फिर से उगाता है

सुबह की चाय से भरता हूँ फिर मैं
जीवन के प्याले।

प्रेम

ज्वर की तरह चढ़ता है अकेलापन

तुम्हारे मिलने से
तपने लगता है

इसकी कोई दवा नहीं।

तुम्हारा न होना

साथ-साथ चलता है तुम्हारा न होना

मेरे हाथ तुम्हारे हाथों में आ जाते हैं
उतर आते हैं मेरे होंठ तुम्हारे होंठों पर
तुम्हें ढक लेता है मेरा आदमकद

घाटियाँ पत्थरों पर जल की धार लिए बैठी हैं
शिला पर तुम्हारे लिए जगह छोड़ कर बगल में बैठ जाता हूँ
तुम्हारी आँखों से देखता हूँ

फूल खिले हैं
तुम्हारे लिए खिले हैं
तुम आना और बताना इनके नाम

तब तक तुम्हारा नाम इन्हें देता हूँ
ढेर सारे फूलों का बस एक नाम

कभी आना दिखाऊँगा
पत्थरों की तराश जिसे पानी ने चूम कर पिघला दिया है
गोद में रखे-रखे कर दिया है मुलायम

धूप में चलता हूँ
अपनी छाँव तुम्हारे लिए छोड़ते हुए

एक सीट छेंक रखी है और बस चलने को है

ज़िन्दगी

ज़िन्दगी क्या है?

त्रुटियों से भरी नोटबुक
शार्पनर में फँसी रह गई पेन्सिल की नोक

असेम्बली से बाहर कर दिया वह बच्चा जिसके जूते गन्दे थे और फीते ढीले
जिसकी टिफ़िन में हर रोज़ बच जाता था लंच।

दृष्टि दोष

मेरी आँखों का लेंस धुँधला पड़ गया है
उस पर एक ही चीज़ बार-बार देखने की ऊब है

उस पर जब गिरती है
झूठ में लिपटी हुई चमकीली तेज़ रौशनी
वह कहना चाहती है प्लीज़
मुझे माफ़ करें

अश्लीलता और कृतघ्नता के मटमैले प्रकाश में
वह अपने को झुका लेती है

उसका फैलना
ठीक से समझ लेने की ही उसकी एक कोशिश है

जब सूखने लगती है
आँसुओं से भर लेती है
सूखे तालाब में छटपटाती मछली
को मिल जाता है जल

नज़दीक को ठीक से अब तक न देख पाने की विवशता में
धीरे-धीरे क्षीण पड़ने लगी है उसकी दूर देखने की दृष्टि।

मिनरल वाटर

मेरे सामने स्टील की ग्लास में हिल रहा है
मेरा ही मन

प्यास ने पहचान लिया था
नदियों तालाबों कुओं से होता हुआ
हैंडपाइप और टोंटी से गिरता यह वही जल था
थाली के साथ हमेशा इसी तरह स्टील के ग्लास में मिला मुझे

पहले पानी ही आपके स्वागत में हिलता है
अपने ज़रूरी घुलनशील तत्त्वों के साथ

पानी साफ़ था
हाँ, उसमें एक कच्ची गंध थी जो कुओं के पास बिखरी रहती है

कुओं के पास बिखरे रहते हैं माँगलिक गीत
जल बहता रहे
गीली रहे मिट्टी

कभी कुओं से रूठ जाता है जल
उड़ने लगती है धूल

जल ने मोड़ दिया दी है सभ्यताओं की धार

प्यास और जल के बीच
अब पीतल, कांसा, शीशा नहीं

फ़िल्टर है।

मेरे बच्चे

मौसम बदलते ही
ये कच्ची पौध तपने लगती है
जलने लगते हैं इनके आरक्त तलवे
दहकने लगता है इनका निर्दोष माथा

न जाने कहाँ-कहाँ से चले आते हैं रोगाणु
न जाने कहाँ से चलने लगती हैं उलटी हवाएँ
अस्पताल भरे पड़े हैं इनके रुदन से

गलियों में चप्पल घसीटते कूड़ा बीनते ये दिखाई नहीं देते
चाय का प्याला पहुँचाते
रिक्शा खींचते
गाड़ी पर पोंछा मारते
भीख माँगते अगर ये दिख भी जाते हैं तो ठहरते नहीं स्मृतियों में

जो घरों में हमारी आँखों के सामने हँसते हैं
उनके सिरहाने खिलौनों की जगह आ गई हैं लाल–पीली कड़वी दवायाँ

आँखों पर मोटा चश्मा
तय किताबें
फार्म के चूजों की तरह गढ़े जाते हैं हमारे समय के बच्चे

जो घरों से बाहर हैं उनका आखेट कर लेते हैं जंगली बिल्ले
उनके जिस्मों पर घाव के निशान हैं
कोमल मन पर गुटखे और धुएँ की मोटी काली पर्त है

महूसस करती हुई अपनी गर्दन पर
किसी अदृश्य छुरे को।

परम्परा

(एक)

पितृपक्ष में दिवंगत पिता को जल देते देख
पुत्र ने मुझसे कहा

जब तुम नहीं रहोगे
मैं भी तुम्हें दूँगा जल।

दूसरी परम्परा

(दो)

जब माँ ने पुत्र से कहा जाओ दे आओ पितरों को जल
क्या वह पितरों में पिता की स्वर्गीया माँ को भूल गई थीं

क्या माँओं के लिए वर्ष में नियत नहीं नहीं कोई मातृ-पक्ष
जब उन्हें कृतज्ञता से जल दिया जाए

क्या पुत्रियों की आँखों में जल नहीं है अपने पितरों के लिए।

किसी दिन

मैं ग्वाले को कहता हूँ धन्यवाद
तुम अख़बार वाले से पूछ लो उसके घर का समाचार

चौक के मोड़ पर सब्ज़ी बेच रही उस बच्ची की सब सब्जियाँ ख़रीद लेता हूँ मैं
तुम रसूल मियाँ के सारे गुब्बारे मोल ले लो

इस रिक्शेवाले के पैरों में मैं जांगर बन जाता हूँ
तुम घंटी बन रास्ता माँगो
और फिर हम देखें कि हम कहाँ पहुँचते हैं

आज जब आएगी बाई उसे बैठा ख़ुद परसो गरम-गरम रोटियाँ
मैं भाग-भाग लाऊँ चटनी, अचार और पापड़

सदियों जो लोग साफ़ कर रहे हैं धरती का कचरा
मिटा रहे हैं कपड़ों से दाग़, धब्बे और मैल
जो तुम्हारे लिए लाते हैं अनाज, समुद्र से नमक
जो बिछाते हैं पटरियां, बनाते हैं सड़क
ईंट-ईंट जोड़ रेत-रेत चिन खड़ा किया तुम्हारे लिए जिन लोगों ने घर
उनके लिए क्या हम गा सकते हैं कोई गीत

उनकी गरिमा का बखान अभी लिखा जाना है।

महादेवी की बेटियाँ

उनकी आँखों में मेघ थे
कठिन अभ्यास से वे इन्हें थाम लेना सीख गई थीं
फिर भी बूँदें झिलमिलाती रहीं मन के दर्पण पर

वे पढ़ रही थीं
'मैं नीर भरी दुख की बदली'

अब भी इस भरे-पूरे संसार में उनका कोई अपना कोना नहीं था
न कोई मुकम्मिल परिचय
वंश वृक्ष में औरतों के नाम उल्लखित नहीं थे

वे उमड़ती थीं और
मिट जाती थीं

एक-दूसरे से लिपट कर रोने की अपनी इच्छा को उन्होंने जतन से रोक लिया
दुख से भीगकर उनकी माँएँ
एक-दूसरे में सिमट कर रो लेती थीं
उनके कंठ पर एक धार आकर बस रुकी हुई थी

सामूहिक रुदन हैं अब भी वे
छूते ही गुम चोट टीसने लगती है

महादेवी की इन युवा पुत्रियों को यह कविता पढ़ाते हुए
यह शिक्षक अपनी डबडबाहट रोकता है
और एक फीकी मुस्कान के साथ कविता ख़त्म करता है कि
चीज़ें अब बदल गई हैं।

आशावादी

एक बच्चे के मुलायम तलवे देखे
बुलबुले की तरह उड़ती उसकी खिलखिलाहट सुनी
चमक रही थीं उसकी आँखें
अपार आकर्षण से भरी हुई

माँ के पुष्ट स्तनों से उसके होंठ बार-बार फिसल रहे थे

धुल गया मन का कल्मष
यह दुनिया बची रहेगी।

प्यास

जहाँ तक जल पहुँच सकता था पहुँचा आदमी
वह चट्टानों में घुल सकता था झर सकता था पसर सकता था
रेत में पसीज सकता था
वह फूट कर बह निकला बुलबुलों की तरह सख़्त मिट्टी से
बादल और पानी एक-दूसरे में घुल-मिल जाते थे जहाँ वह खिला वहाँ वहाँ

वह वनस्पतियों की जड़ों में बैठे पानी को ले आया घर
तने से लिपट भीगता रहा
कठोर कवच के बीच मीठे जल से वह बचा रहा
फुनगी से झरते मद से भरे उसने अपने कटोरे

वह पानी से बाहर आकर जिस घर में भी गया
वहाँ प्यास में डूबा जल उसे मिला
उसकी नींद के सिरहाने पानी जागता रहता था

जहाँ से जल वापस लौटा पीछे-पीछे लौट आया आदमी भी

प्यास को जिस पानी की अब आदत है
उसे न आप नदियों से उठा सकते हैं न खींच सकते हैं कुओं से
न वह अब बचा है हैंडपंप में।

जो नहीं है अब

जो नहीं है अब
कभी मोड़ पर मुड़ते हुए किसी में दिख जाता है
पीछे से पुकारती है कोई उस जैसी ही आवाज़

सूखे पत्तों में कोई हरा पत्ता
असमय गिरा हुआ
कि जैसे अभी उठेगा और
उसी के लिए झुकी टहनी से वहीं लग जाएगा जहाँ
रिस रहा है उसका न होना

उसके पीछे-पीछे उसके क़िस्से गए
पात्र अब कथानक से विलग
किसी दूसरी कहानी में अपनी भूमिका निभा रहें हैं

उसकी प्रतीक्षा नहीं अब किसी को
उसका प्रेम कुछ दिन उसकी राह देखता रहा
और फिर विरह की सड़क की दूसरी तरफ़ चला गया

शत्रुताएँ उसे कभी-कभी याद कर लेती हैं
कि अभी तो तमाम हिसाब बाक़ी है।

जो अब कहीं और हैं

जो अब कहीं और हैं
किसी के लिए खिल और कुम्हला रहे हैं
मिट रहे हैं

आते हैं प्यासे
नीद में चलते हुए रेत में धँसे गलते हुए किसी शिला पर
हिलाते हैं हाथ परिचय में

चुभते हैं कांटे
उग आए हैं तमाम हथेलियों पर

अब क्या है उनका यहाँ?

जो चले गए
उनकी जगहें बुझ गईं
उनके लिए बहती हवा ने भी मुँह मोड़ लिया

उनकी बस लौटती तो है
पर पहुँचती नहीं वहीं।

वे इंतज़ार करने लगते हैं वापसी की पहली बस का।

नहर के किनारे का एक दृश्य

नहर में पानी है
कुछ कच्चे बच्चे तैर नहा रहे हैं
उनकी त्वचा पर पानी की ख़ुशी दूर से ही हँस रही है
दोनों तरफ़ हरियाली है

कुछ खेतों में कट गई है गेहूँ की फसल
अनाज़ और भूसे को एक साथ बैलगाड़ी में भर रहा है
एक परिवार

किनारे-किनारे एक आदमी चला जा रहा है
वह धीरे-धीरे गुम हो जाता है बिना कोलाहल के।

ख़ुशी

कभी भी कहीं भी वह हो लेता ख़ुश

वह ख़ुश था कि धरती की पीठ पर आसमान के नीचे चल रहा है
बादलों से झाँकता सूरज उसे अपार ख़ुशी से भर देता
जैसे रात में सोया बच्चा दिन चढ़े उठे और
इतनी सारी धूप देख आँखें भी न खोल पाये

मिट्टी में छिपा बीज बारिश में भीगकर अंखुआया
उसकी ख़ुशी रोज़ उसके हरे पत्तों की तरह पसरती रही
वह पानी देता
मिटटी में पानी का जब्त होना भी उसके लिए
एक औचक था

पत्तों पर जब उसने हरे रंग के कीड़े देखे
जो नाज़ुक पत्तों में छेद कर उसे खा रहे थे
वह कीड़ों के लिए ख़ुश हुआ

कीड़े को लिए-दिए उड़ चली चिड़िया उसकी ख़ुशी में
बहुत दूर तक उड़ान भरती रही

वह सड़क के उस पार पहुँचकर ख़ुश होता
घर वापस लौटकर ख़ुश हो लेता
पुलिया के नीचे बहता पानी उसकी प्रसन्नता में कलकल करता

उसने एक प्रौढ़ आदमी को हँसते देखा
एक भद्र स्त्री को मुस्कुराते
स्कूल जाते बच्चे की शरारत देखी
रिक्शे वाला फिर भी तसल्ली में था

एक दिन उसने शव देखा
उसके पीछे ख़ुशी-ख़ुशी वह मुँह लटकाए श्मशान तक गया

कुछ हिजड़े समूह में गा-नाच रहे थे
तालियाँ तवे पर मक्के की तरह फूट रही थीं
मोहक था उनका पहनावा रंगों से भरा

उसके पास ख़ुश होने के अभी भी हज़ार कारण हैं।

साइकिल

हवा भरो हवा भरो ट्यूब कहता है
चेन कहती है टाइट करो नहीं तो हम काँटों से फिसल जाएंगे

घंटी टन-टन कह रास्ता माँगती है
ब्रेक दुरुस्त रखो
जहाँ ज़रूरी हो लग जाएँ

हैंडिल मुड़ जाए कलाइयों की तरह
सीट हो मुलायम

खड़-खड़ मतलब
तेल चुआवो ग्रीस लगाओ

सड़कों पर आज भी सबसे सुन्दर सवारी है साइकिल

इसमें ईंधन आदमी का जलता है
धुआँ श्वासों का निकलता है

पीठ पर बस्ते लादे स्कूल को दौड़ती हैं साइकिलें
क़तार में खड़ी इन्तज़ार करती हैं चुपचाप छुट्टी की घंटी का

वक़्त पर इस पर ताज़ी सब्जियाँ थैले में लदी चली आती हैं
अभी-अभी पिसा आटा टीन के कनस्तर में पीछे बैठा
गर्माहट देता हुआ चला आया है

बेवक़्त इस पर लद जाते हैं दो जने और

एक पैर पर तिरछी हो सुस्ताती हुई साइकिल की मुद्रा
बड़ी मोहक है यार।

घड़ा

घड़ा पानी में भर देता है अपना स्वाद
गर्मियों में खींच कर उसकी तपिश

कुम्हार मिट्टी को चाक पर तराश कर बनाता है उसे
आग तपा कर उसे मज़बूत करती है
जल को वह इस तरह धारण करे कि
उसके महीन रंध्रों से होकर आती रहे हवा
जल डोलता रहे
हिलता रहे
और बना रहे मृदु

कुंभ जल को क़ैद नहीं करता कि दम घुट जाए
जल न तपता है
न पड़ जाता है शव की तरह ठंडा

करोड़ों वर्ष पूर्व की अपनी स्मृतियों के साथ
जैसे ख़ुद वह एक जीवन हो
उसकी बूँदों से ही बनी हैं कोशिकाएँ

फूट कर तन के कुम्भ का जल भले ही जल में समा जाता हो

टूट कर घड़ा फिर जी उठता है
जल के लिए।

फ़ेसबुक

जन्मदिन की बधाई भेजता हूँ
कि लगता है ये तो पिछले वर्ष ही दिवंगत हो गए थे

होने न होने के बीच इतना कम फ़ासला कभी नहीं था

रहते हुए रहना जैसे निरर्थक हो

चले जाने पर भी दुनिया वैसी ही चलती रहती है
फ़ेसबुक की दुनिया

बरसों-बरस मिलती रहती हैं सालगिरह की बधाइयाँ
कोई पुरानी पोस्ट फिर से जीवित कर देती है

लोग देते हैं अनश्वर मानकर प्रतिक्रियाएँ

आत्माएँ प्रतिक्रियाओं को लाइक करने के लिए बहुत ललकती होंगी

आदतन।

कामनाएँ

सुबह ने सूरज से माँगा है आज का दिन
तुम्हारे लिए
आज की रात नहीं होगी

तुम्हारी भौहों पर घनी धूप है
तुम्हारे सीने पर आ बैठी हैं कुछ तितलियां

तुम्हारे होंठों से
हँसी की धार बहती रहे अनवरत
मुस्कान का लाल रंग न कुम्हलाए कभी
नहाते वक़्त न टूट कर गिरें तुम्हारे बाल

रेंगनी पर सूखते तुम्हारी शर्ट की जेब में
सुख का पता धीरे से रख दिया है हवाओं ने

तुम्हारे घर के सहन में फूल खिले हैं
अपनी हँसी का जल इनमें डाल देना

घर
तुम्हारे साथ ही तो घर है
जिसमें कोई रोज़ शाम तुम्हारे लौटने का इन्तज़ार करता है।

(श्री मनोज भटनागर के लिए)

दीया

एक दीया
असहमति के लिए

अनेक दीये
अँधेरे से बाहर आते हुए

ख़ुद के अन्दर भी रौशन
एक दीया
हो।

हिन्दुस्तान में नवजागरण

जब तुमने कहा कि तुम्हें जन्नत की हक़ीक़त का पता है
और दिल के ख़ुश रहने को यह ख़याल अच्छा है
तब तुम्हें ज़रा भी अन्दाज़ा था कि तुमने यह क्या कह दिया है

एक ऐसे वक़्त में जब हिन्दुस्तान की मिट्टी से तुम्हारे जैसे शायरों के ढलने
और उसकी हवा में पलने का समय बीत रहा था और
बाग़ में पतझड़ की शुरुआत हो गई थी
तुमने एक ऐसी जगह अंगुली रख दी कि फाँस की तरह धंसी है यह बात तब
से अब तक

तुम्हारा समय अकबर, जहाँगीर, शाहजहाँ का नहीं था
शुक्र है तुम्हारा समय औरंगजेब का भी नहीं था
तुम्हारा समय आगरा और दिल्ली का था
तुम्हारा समय तो कलकत्ते और दिल्ली के बीच का था न !

एक ऐसा समय जिसमें जन्नत के दरवाज़े कुछ पाबन्द लोगों के ही लिए
खुलते थे
और तुम तो आधे मुसलमान थे
तुम वली थे पर तुम बादाख़्वार थे
तुमने एक झटके में ही
कविता की तलवार से काट डालीं तमाम ज़ंजीरें।

हत्या और हत्या

अगर आप हत्या के ख़िलाफ़ खड़े हैं
तो हत्याओं के ख़िलाफ़ भी खड़े हैं
अगर आप पेशावर में खड़े हैं तो आप असम में भी खड़े हैं

मृत्यु एकवचन है पर हत्याएँ बहुवचन
हत्यारों के दिमाग़ एक जैसे होते हैं
हिंसा की भाषा के अक्षर मिलकर एक जैसा वाक्य बनाते हैं
उनका रंग भी एक है

अगर कश्मीर में चलती है गोली तो उसकी आवाज़ आप नागालैंड में सुन सकते हैं
और फिलस्तीन में गिन सकते हैं गिरती हुई लाशें।

मुसलमान

'आतंकवाद के बारे में आपका क्या ख़याल है?'

उठने ही वाले था
उठते-उठते बैठ गया
मुझे अब अपने को निर्दोष सिद्ध करना था

यह सही है कि मुझे एक ईश्वर, एक पैग़म्बर और एक किताब पर आस्था है
पर मैंने किसी की हत्या के बारे में नहीं सोचा

मैं नमाज़ पढ़ता हूँ रोज़े रखता हूँ
पर मैंने कहीं गोली नहीं चलाई

मैं माँसाहारी हूँ जैसे विश्व के अधिकांश लोग हैं
मुझे निर्मम और क्रूर आप क्यों समझते हैं?

मैं परिश्रम से अपनी आजीविका कमाता हूँ, ईमानदारी से रहता हूँ

अगर आपको मेरी टोपी, मस्जिदों और मदरसों से दिक़्क़त है
तो दरअसल आपको हिन्दुस्तान के संविधान से समस्या है

अरब और इस्लामी मुल्क जो कर रहे हैं उनमें मेरा क्या क़ुसूर

आइसिस, तालिबान और अलकायदा से मेरा कोई लेना-देना नहीं
हो सकता है वे मुझे मुसलमान भी न मानें

मैं वही इस्लाम हूँ जो ताजमहल बनवाता है, पद्मावत लिखता है,
शेर सुनाता है और लज़ीज़ बिरयानी पकाता है

मैं शेरशाह हूँ, अकबर हूँ, रहीम हूँ
मैंने इस महाद्वीप को रज़िया सुल्तान दी
ख़ुसरो, मीर, ग़ालिब, कबीर दिये

इसी धरती पर सूफ़ी फूल की तरह खिले जिनकी सुगंध आज भी बिखरी है
हवाओं में।

बच्चा

हमें क़ायदा नहीं सिखाओ
हमें मज़हब नहीं रटाओ
हमें और नहीं डराओ

हमें खिलने दो महकने दो

इनसान
बस इनसान रहने दो हमें।

इसी समय में

अज़ान में धमकियाँ थीं
गेरुए टीके हिकारत से दमकते
लहू में लिथड़े थे शहर और क़स्बे
सर काटने को लम्बे जुलूस थे
पंचायतें थीं प्रेम के प्रतिशोध में
नफ़रत की आँधी में कुछ दिख नहीं रहा था

मज़हब की इबारतें बन्द इमारतों में बदल गई थीं
मुनासिब था अब वहीं रहना

न कोई कुछ कहता न इनकार करता
जहाँ थे सब चुप थे

जो जगहें थीं कहने-सुनने की वहाँ अब क़ायदे थे
गुस्ताख़ी की सज़ा मौत थी
एक अदृश्य ताला था हर एक ज़बान पर

मिलने-जुलने की जगहें ज़मीन और आकाश के बीच थीं

कुफ्र और देशद्रोह के बीच
वे कहाँ थीं?

ख़ुर्शीद के लिए

काले बादलों ने घेर लिया है ख़ुर्शीद को
डूब गया है सूरज
बदलता हूँ करवट
विवशता मुझे अब यही करने देगी

बुरे हैं जुल्मो-सितम
पर उससे भी बुरे हैं दाग़ बदनामी के
उज्ज्वल आत्मा पर जिन्हें अपने ही एक-एक टांकते चले गए

आरापों के अँधेरे कुएँ में
तुमने सूरज को
उतार दिया है आत्महत्या के लिए

उसकी चीख़
वहीं से उठती है
जहाँ आज उसे उगना था
काटते हुए कट्टरता, हिंसा, नफ़रत की कालिमा

वही तो सारथी था सुबह का

तुम्हारे वध-स्थल से बहता उसका सुर्ख़ ख़ून
अब इतिहास में जाएगा

इतिहास मुझसे, तुमसे, हम सब से पूछेगा
उसे तुमने अकेला क्यों छोड़ दिया

तब मैं क्या जवाब दूँगा।
तुम क्या बहाना बनाओगे।

अविजीत राय के लिए

मार दो मुझे गोली
घोंप दो छुरा
काट दो उँगली
मुझे मिटा दो

जला दो मेरी किताबें

घिस दो हर वह जगह जहाँ मैंने गाये थे मुक्ति के तराने
ख़त्म कर दो मेरे निशान

तुम्हारी काली चादर के नीचे सूरज डूबेगा नहीं
कभी नहीं।

स्त्रियों की हँसी

स्त्रियाँ हँस रही हैं
आँसुओं की अभ्यस्त
मर्यादित मुस्कान की यह संस्कृति

उनकी समवेत हँसी से थरथरा रही है
डर रही है उनके खुले ठहाकों से

अगर उन्हें रोका न जाए
बात-बे-बात टोका न जाए
वे हँसेंगी
उनसे क्या छिपा है

वे इस दुनिया से अपने निर्वासन की इस विडम्बना पर हँस तो सकती ही हैं

कुछ इसलिए भी
कि यह आदम स्त्री की हँसी से इतना डर क्यों जाता है।

आदमखोर सभ्यता

एक जिबह होते आदमी की डूबती हुई आवाज़ मेरा पीछा कर रही है
वह आदम को पुकार रहा है आदमखोर के सामने

दो कटी हुई टांगें मेरे पीछे–पीछे चली आ रही हैं
ख़ून से लथपथ उखड़े हुए बाजू मेरे सामने आ जाते हैं
स्याह आसमान से जले हुए इनसानों के गोश्त गिरते हैं
ज़िन्दा आदमी की जलती हुई गंध से भर गई है हर जगह

हत्यारे एक बड़ी लम्बी फ़िल्म बना रहे हैं
घूम-घूम कर
उसमें एक वहशी भीड़ है तमाम डरे-सहमे मज़लूम इनसान
उन्हें घेरा जा रहा है मारा जा रहा है काटा जा रहा है जलाया जा रहा है

किसने लिखी है इसकी पटकथा?
यह मृत्यु का धूसर संगीत जो हर जगह बज रहा है
किसका है यह वाद्य?

विलाप से थरथरा रही हैं दिशाएँ
चुप हैं सब
सब मनसबदार।

हाँ मैं निराश हूँ

बाढ़ में बह जाते हैं
सूखे से कुम्हलाकर धरती पर गिर पड़ते हैं
फ्लू हर साल मारता है
अगस्त में तो बच्चे मरते ही हैं
जैसे पतझड़ में गिरते हैं पीले पत्ते

वे सुबह जाते हैं एक ऐसी जगह
जहाँ एक फूल नहीं खिल सकता

अन्त की ट्रेन में वृद्धों के लिए नहीं है जगह
युवा भीड़ में रह जाते हैं पीछे प्रारम्भ से ही

गाँव को लौटती सड़कों पर खींचती-हाँफती औरतें मिलेंगी

एक युवा लेटा है खाट पर
उसे जीने की वजह नहीं मिल रही है

जो चमक है वह अब चुभती है
जो भंगिमाएँ दमक रही हैं बड़ी खोखली लगती हैं।

वे अभी व्यस्त हैं

जब गाँधी अहिंसा तराश रहे थे
आंबेडकर गढ़ रहे थे मनुष्यता का विधान
भगत सिंह साहस, सच और स्वाध्याय से होते हुए
नास्तिकता तक चले आए थे
सुभाषचंद्र बोस ने खोज लिया था ख़ून से आज़ादी का रिश्ता
नेहरू निर्मित कर रहे थे शिक्षा और विज्ञान का घर

फतवों की कँटीली बाड़ के बीच
सैयद अहमद खान ने तामीर कीं ज्ञान की मीनारें

तुम क्या कर रहे थे?

तुम व्यस्त थे लिखने में एक ऐसा इतिहास
जहाँ नफ़रतों की एक बड़ी नदी थी
सिन्धु से भी बड़ी।

तुम तलाश रहे थे एक गोली, एक हत्यारा और एक राष्ट्रीय शोक।

खल पात्रों का कु-समय

खल अब नायक हो गए हैं
शातिर, खूंखार और बेख़ौफ़
उन्होंने धर्म का टीका लगा रखा है

उनका जमघट हमारे आस-पास है
हम उनकी डरावनी आहट पहले भाषा में सुनते हैं
वे लिपि को क्रूर विशेषणों से बदरंग कर देते हैं
तमाम बुरी संज्ञाएँ वहाँ घर बना लेती हैं
क्रियाओं तक को हिंसक बना खुला छोड़ देते हैं व्याकरण में

वे संवाद को इतना गिरा देते हैं कि अच्छाई उठ नहीं पाती
बुरे और कम बुरे के विकल्प में अन्ततः बुरा ही बचता है

वे इतना धुआँ पैदा करते हैं कि कालिमा में ढक जाती है सभ्यता
मनुष्यता, गरिमा, कोमलता, सुन्दरता

वहाँ विवेक अपनी तरफ़ फेंके गए पत्थरों से लहूलुहान है

वे लोकतंत्र की दरारों से रिसकर बाहर आए हैं
और वहीं-वहीं ठोंक रहे हैं अधिनायकत्व की कीलें।

कविता का देश

याद हो कि न याद हो
भारत एक समाजवादी, धर्मनिरपेक्ष, लोकतंत्रात्मक गणराज्य है

इसके समस्त नागरिकों को
सामाजिक, आर्थिक, राजनीतिक
न्याय, विचार, अभिव्यक्ति
विश्वास, धर्म, उपासना की स्वतंत्रता, प्रतिष्ठा, अवसर की समता प्राप्त है

समरसता, समानता, भ्रातृत्व की भावना बहे
धर्म, भाषा, जाति, वर्ग और क्षेत्र की सीमाएँ बाधक न बनें

त्याग दी जाएँ ऐसी प्रथाएँ
जो मनुष्यों में भेद करती हैं
स्त्रियों के सम्मान और गरिमा के प्रतिकूल हों

वन, झील, नदी, जीवों के लिए भी इस भूभाग पर जगह रहे

वे इसके आदि नागरिक
फलें, फूलें, निर्भीक विचरें

वैज्ञानिक दृष्टिकोण, मानवतावाद, ज्ञानार्जन, प्रगति की भावना से हम बढ़ें

हो सतत प्रयास

बेहतरी की ओर

राष्ट्र बढ़े
विश्व सजे

यह कविता आज़ादी ने लिखी थी।

देशद्रोही

उनके पास गालियाँ हैं अतीत के लिए
महापुरुषों के लिए अपशब्द

उनके एक हाथ में छेनी है एक में हथौड़ा
वे घूम-घूम ध्वंस कर रहे आदमक़द मूर्तियाँ

वे किताबों को जला रहे हैं
चित्रों को फाड़ रहे हैं
आज़ाद आवाज़ों को दबा रहे हैं
कर रहे हैं शब्दों की निगरानी

नष्ट कर रहे हैं संग्रहालयों को
भ्रष्ट संस्थाओं को
शब्दों के मायने बदल रहे हैं

उन्हें एक ही रंग पसन्द है
एक ही राग
एक जैसे क़द और पहनावा एक जैसा

वे अब बाहर निकल आएँ हैं
संक्रमित कर तैयार कर रहे हैं अपनी प्रतिकृतियाँ
भविष्य के मुहाने पर उनका जमावड़ा है

नदी के वेगवती होने का यही समय है।

संघर्ष

एक बड़ा पर्दा है काला
उसमें छोटे-छोटे छेद हैं रौशनी फूट रही है

चला जाता एक लम्बा जुलूस है शोक में डूबा
एक बच्चा पीछे मुड़-मुड़ कर देखता है

घनी रात है
आकाश डूबा हुआ अपने ही अँधेरे में
एक दीया जलने-बुझने की सन्धि पर टिमटिमाता हुआ अपनी ही ज़िद पर अड़ा जलता हुआ

कोई छोर नहीं बाढ़ अबकी उतर आई है मैदानों में
पेड़ के फुनगी पर एक मेमना
एक बच्चा पिता के कन्धे पर बैठा है रखे अपने सिर पर पोटली
एक डोलती बड़ी सी टोकरी में
एक मुर्गी अपने सात-आठ चूजों के साथ

शव गृह से अपने बच्चे का शव कन्धे पर ले सीढ़ियाँ उतरता पिता
थका जैसे कन्धे टूट रहें हों उस फूल के भार से
उसकी एक उँगली पकड़े आँखें पोंछती उसकी बेटी

नुकीले शीत में खेत की रखवाली करते मजूर ने टीन का दरवाज़ा बन्द कर लिया है

पैरों के पास थोड़ी सी आग बची है

दंगे में जलते घर से निकल भागी जा रही वह लड़की
उसके हाथ में दराँती है
वह हवा को चीरती हुई निकल गई है

युवा ने राजधानी में जगह तलाश ली है रहने के लिए
पर जहाँ सूरज नहीं पहुँच पाता
उसे मिल ही गया है कुछ पन्नों के अनुवाद का काम

क्या तुम्हारी पराजय बड़ी है इनसे।

पुरस्कार का खेल

[डोंट टेक इट पर्सनली]

आओ पुरस्कार खेलें
इसलिए कि इसी से होकर यह मेरे पास भी आएगा
वरना क्या है
जो लिखा है और लिख रहा हूँ तुम्हें भी पता है
लिखता ही इसलिए हूँ

पहले तो किताबों पर लिखकर पटाया
फोन कर इधर-उधर ख़बरें देता रहा
कहीं मंच पर सेट करवाया
कहीं व्याख्यान के लिए बुलवा दिया
किसी प्रकाशक से कह किताब निकलवा दी

खी-खी करता रहता हूँ
लार चुआता फू-फा करता आता हूँ
पिछवाड़ा खुजलाता हूँ
ठंडा पानी पीता हूँ
साहित्य की डाल पर बैठा हूँ
गिद्ध हूँ
नोच-नोच खाता हूँ

यह सब करके ही दो दर्जन पाया हूँ
पु-पु
वरना उमर ही क्या है

मैं करता हूँ तुम्हें पुरस्कृत
टिकोरी मल राय के नाम पर
भू परसाद सहाय के नाम पर
चूँ-चूँ मुरब्बे सिंह के नाम से

तुम सम्पादित कर देना मुझ पर एक किताब
करना अपने कॉलेज में इसे लोकार्पित
कई बार करना
निकाल रहे हो कोई पत्रिका
तो एक अंक मेरे पर एकाग्र बनता है भाई
डोंट वरी लेख भिजवा दूंगा
बहुत चेले, केले, हू-हू, ही-ही, खे-खे, खी-खी, जी-जी, हाँ जी, हैं मेरे पास

देखो ये तो करना ही होगा
आख़िर पुरस्कार भी तो दिलवा रहा हूँ

मेरा नाम लेते रहना
मेरी लीद को नवनीत कहना
और खा लेना साले

नहीं तो क्या?

मैंने तो गू तक खाया है
हाथी का खाया है

तुम चूहे की लेंडी खाओ

ढोल बजाओ
बजाओ बे।

बहुमत : एक

हम बहुमत का सम्मान करते हैं
अल्पमत कृपया बहुमत आने तक शांत रहें

बहुमत
बहुमत
बहुमत।

बहुमत : दो

जो बहुमत के साथ नहीं हैं
कृपया यहाँ से प्रस्थान करें
करें प्रस्थान

जाओ यहाँ से

करोगे राष्ट्र का अपमान

बे ?

बहुमत : तीन

एकमत इस पर एकमत हैं कि अब वे बहुमत में हैं
वे हर जगह हैं
यहाँ तक कि सुबह की सैर को निकले ढलती उम्र के थके घुटनों में भी

बातें कीजिए मत जानकर
डपट जाने का डर है

गली से गुज़रते हुए बहुत से एकमत देखते हैं आपको
फुसफुसाते हैं
फिर हँसते हैं

चौराहे पर तो रास्तों का मतान्तर है
ट्रैफ़िक पुलिस ने हाथ से इशारे करते हुए हुड़का
दाएँ बाजू से निकलो

सभा में पीछे की ओर चुप बैठ सुन रहा था एकमत की दहाड़

आप ताली नहीं बजा रहे हैं
एक कार्यकर्ता ने चेतावनी दी

एक अल्प का पीछा करते तमाम एक

भोज भात में यह किसके साथ खड़ा था

इसके घर कितनी बार अल्पमत की डोर बेल बजती है
यह जो किताब इसने ख़रीदी है
पता करो इसका कौन है लेखक?

मुनादी फिर रिक्शे पर बज रही है
न जाने ज़िल्लेइलाही क्या नया पैग़ाम देंगे।

जन प्रबोधिनी एक कविता

तुम रोज़गार माँगना
माँगना मजूरी की क़ीमत और गुम हो गई छुट्टियाँ
और अस्पताल
तुम्हें विक्रेता नहीं चिकित्सक चाहिए

डटे रहना कि फसलों की वाजिब क़ीमत मिले

तुम बस इतना पूछना कि क्या हुआ हमारे प्रतिनिधित्व का
हम इतना कम क्यों दीखते हैं हर जगह

अपने लिए तलाश लेना कोई एक स्कूल
जहाँ समय से घंटे बजते हों
और समय पर ही कक्ष से बाहर निकलते हों मास्टर जी
भूख लगे तो टिफ़िन ले जाना

पूछना मेरी पैसेंजर हमेशा लेट क्यों चलती है
कौन काटता है इसका रास्ता

आख़िरकार
एक नदी को बचाते-बचाते उन्होंने बेच दिए सब पहाड़

कहाँ गया मेरा पहाड़
पूछना।

मैं बीमार हूँ

रस्ते में एक मासूम से लड़के को कुछ लोग रस्सियों से बाँध मारे जा रहे थे
वह बार-बार कह रहा था मेरा क़ुसूर तो बताया जाए

मेरा बीपी नॉर्मल है

एक बच्ची भागी-भागी आई लिपट गई मेरे पैरों से
रिस रहा था उससे ख़ून
गहरी लकीरें थीं उसके चेहरे पर
उसका पीछा करने वाले दिख नहीं रहे थे
वह किसी अदृश्य से डर रही थी
और काँप रही थी
उसका चाचा उसे घसीटते हुए ले गया

मेरे ख़ून में हीमोग्लोबिन की मात्रा ठीक है

बिखर से गए घर के दरवाज़े पर झिलगी खटिया पर जर्जर वृद्ध ने
तरल सी सब्जी में रोटी तोड़ते हुए कहा
बेटा खा लो
फिर वह कहीं डूब गया अपने में

मै जो कुछ खाता हूँ पच जाता है

नुक्कड़ पर एक बड़े से चमकदार झूठ के आसपास
तमाम सचाइयों के कन्धे झुके हुए मुझे मिले
बँधे थे उनके हाथ ख़ुद से

शुगर ठीक है इसे कंट्रोल में रखना है

भागा जा रहा था एक युवा
उसके पीठ पर कोड़े की मार के उभार दिख रहे थे
छिल गई थी पूरी पीठ रक्त बह कर वहीं जम गया था
उसने कोई नौकरी चाहिए होगी
मैंने देख ली उसकी गुम चोट

मेरी आँखों के लेंस उम्र के हिसाब से ठीक हैं
पर दूर दृष्टि ख़राब हो चली है

यह कोई बड़ी बात नहीं क्या कीजिएगा दूर तक देखकर
डॉक्टर ने कहा

पैथालॉजी में कोलेस्ट्रॉल के टेस्ट की रिपोर्ट देख रहा था

एक फीकी सी युवा स्त्री पूछ रही थी कि
जब बचना असम्भव था
क्यों आईसीयू में उन्हें इतने दिनों तक रखा गया
कहाँ से भरेगी वह यह क़र्ज़

एचडीएल सही निकला एलडीएल कम हो रहा है

सगीर ने कहा भाईजान अब घूमने-टहलने की हिम्मत न रही
क्या रखा है मेल मुलाक़ात में

मैंने अपने घुटने देखे ठीक हैं दोनों

पर इधर रीढ़ झुकती जा रही है
और तनकर कर खड़े होने की हिम्मत छूटती जा रही है
अब तो किसी पर तमतमाता भी नहीं हूँ

ठीक हूँ मैं
वैसे

तो।